COMO CHEGAR AO SIM

Roger Fisher
e William Ury
com Bruce Patton, editor
Edições revistas por Fisher, Ury e Patton

COMO CHEGAR AO SIM

COMO NEGOCIAR ACORDOS SEM FAZER CONCESSÕES

SEXTANTE

Título original: *Getting to YES: Negotiating Agreement Without Giving In*

tradução: Rachel Agavino

preparo de originais: Ângelo Lessa

revisão: Hermínia Totti e Melissa Lopes Leite

diagramação: Ana Paula Daudt Brandão

capa: DuatDesign

imagem de capa: Pondkungz / Shutterstock

impressão e acabamento: Lis Gráfica e Editora Ltda.

CIP-BRASIL. CATALOGAÇÃO NA PUBLICAÇÃO
SINDICATO NACIONAL DOS EDITORES DE LIVROS, RJ

F565c Fisher, Roger
Como chegar ao sim/ Roger Fisher, William Ury, Bruce Patton; tradução de Rachel Agavino. Ed., rev. e atual. Rio de Janeiro: Sextante, 2018.
224 p.; 16 x 23 cm.

Tradução de: Getting to yes
ISBN 978-85-431-0621-2

1. Negociação. 2. Superação. I. Ury, William. II. Patton, Bruce. III. Agavino, Rachel. IV. Título.

18-50357 CDD: 158.2
CDU: 316.47

GMT Editores Ltda.
Rua Voluntários da Pátria, 45 – 14º andar – Botafogo
22270-000 – Rio de Janeiro – RJ
Tel.: (21) 2538-4100
E-mail: atendimento@sextante.com.br
www.sextante.com.br

Para nossos pais,
WALTER T. FISHER, MELVIN C. URY
e WILLIAM E. PATTON,
que, pelo exemplo, nos ensinaram o poder dos princípios.

Sumário

Prefácio à terceira edição

Trinta anos se passaram desde a primeira publicação de *Como chegar ao sim*. Ficamos muito contentes e lisonjeados de ver que tantas pessoas dos mais diversos lugares do mundo ainda o consideram útil para transformar conflitos e negociações em acordos satisfatórios para todas as partes envolvidas. Quando publicamos a primeira edição deste livro, não fazíamos ideia de que ele se tornaria referência de uma revolução silenciosa que, ao longo de três décadas, mudou a forma como tomamos decisões dentro de nossas famílias, organizações e sociedades.

A revolução da negociação

Uma geração atrás, na maioria dos lugares predominava a visão hierárquica da tomada de decisões. As pessoas no topo da pirâmide – no trabalho, na família, na política – tomavam as decisões e quem estava na base seguia as ordens. A realidade, obviamente, sempre foi mais complicada que isso.

No mundo de hoje, caracterizado por organizações mais horizontais – com poucos níveis hierárquicos –, pela rapidez nas inovações e pelo boom da internet, nunca esteve tão claro que, para realizar nosso trabalho e atender às nossas necessidades, muitas vezes temos que contar com dezenas, centenas, talvez milhares de pessoas e organizações sobre as quais não exercemos controle direto. Não podemos simplesmente dar ordens – mesmo quando estamos lidando com subordinados ou crianças. Para conseguir o que queremos, somos obrigados a negociar. Mais devagar em alguns lugares, mais depressa em outros, as pirâmides de poder estão se transformando em redes de negociação. Essa revolução silenciosa, que acompanha a notória revolução do conhecimento, poderia ser chamada de "revolução da negociação".

Começamos a primeira edição de *Como chegar ao sim* com a frase: "Goste ou não, você é um negociador." Na época, ela abriu os olhos de muitos leitores. Hoje, essa é uma realidade reconhecida. Na época, o termo "negociação" estava mais associado a atividades especializadas, como questões trabalhistas, fechamentos de venda ou, talvez, diplomacia internacional. Hoje, temos consciência de que realizamos negociações informais com quase todas as pessoas com quem interagimos do início ao fim do dia.

Uma geração atrás, o termo "negociação" também tinha uma conotação de embate. A questão mais comum na mente das pessoas era: "Quem vai ganhar e quem vai perder?" Para haver acordo, alguém tinha que "ceder". Não era uma perspectiva agradável. A ideia de que ambos os lados poderiam se beneficiar, de que ambos poderiam "vencer", era estranha para muitos de nós. Agora é cada vez mais sabido que existem formas cooperativas de resolver as diferenças e que, mesmo que não seja possível alcançar uma solução "ganha-ganha", pode-se chegar a um acordo sensato que seja melhor para todas as partes do que a alternativa de obter concessões.

Quando estávamos escrevendo *Como chegar ao sim*, poucos cursos ensinavam negociação. Agora, negociar bem é considerada uma competência fundamental de disciplinas ministradas em diversas faculdades de Direito, Administração, Gestão Pública e até em algumas escolas de ensino fundamental e médio.

Resumindo, hoje a "revolução da negociação" está em pleno andamento no mundo inteiro, e ficamos muito felizes de ver que os fundamentos da negociação baseada em princípios tenham se disseminado de maneira tão abrangente.

Muito trabalho pela frente

Embora o progresso tenha sido considerável, o trabalho está longe de terminar. Na verdade, não conseguimos nos lembrar de um momento das últimas três décadas em que a necessidade de utilizar a negociação baseada numa busca conjunta de ganhos mútuos e critérios legítimos tenha sido maior do que nos dias de hoje.

Basta se inteirar das últimas notícias para perceber a necessidade urgente de uma maneira mais eficaz de lidar com as diferenças. Quantas pessoas, organizações e nações estão obstinadamente negociando posições? Quantas disputas familiares, processos judiciais intermináveis e guerras sem fim nascem da deterioração dos relacionamentos? Por falta de um processo eficaz, quantas oportunidades de encontrar soluções melhores para ambas as partes estão sendo perdidas?

Como podemos observar, o conflito continua sendo um setor em crescimento. Na verdade, o advento da revolução da negociação trouxe mais conflitos, não menos. A hierarquia tradicional tende a conter o surgimento de conflitos, mas, conforme ela dá lugar a redes de relacionamento mais horizontais, os conflitos acabam sendo libertados. As democracias trazem o conflito à tona, em vez de tentar suprimi-lo, motivo pelo qual muitas vezes parecem mais confusas e turbulentas que as sociedades mais autoritárias.

O objetivo não pode nem deve ser eliminar o conflito. Ele é uma parte inevitável – e útil – da vida, que costuma levar a mudanças e gerar descobertas. Poucas injustiças são resolvidas sem conflitos intensos. Na forma de concorrência entre empresas, o conflito ajuda a criar prosperidade. Ele está no cerne do processo democrático, em que as melhores decisões não resultam de um consenso superficial, mas da exploração de diferentes pontos de vista e da busca por soluções criativas. Por mais estranho que pareça, o mundo precisa de *mais* conflito, não menos.

O desafio não é eliminar o conflito, mas transformá-lo. É mudar a forma como *lidamos* com as diferenças – de uma luta destrutiva e antagônica para uma resolução de problemas prática e harmônica.

Não devemos subestimar a dificuldade dessa tarefa, porém ela é a mais urgente no mundo de hoje.

Vivemos numa época para a qual os antropólogos do futuro olharão e chamarão de "a primeira reunião da família humana". Graças à revolução das comunicações, pela primeira vez toda a família humana está em contato. Todas as cerca de 15 mil "tribos" ou comunidades idiomáticas do planeta estão cientes umas das outras. E, como em muitas reuniões familiares, nem tudo é só paz e harmonia – também há divergências e ressentimentos causados por desigualdades e injustiças.

Mais do que nunca, diante dos desafios de vivermos juntos numa era nuclear e num planeta cada vez mais populoso, para nosso bem e o das gerações futuras, precisamos aprender a mudar o jogo básico do conflito.

Em suma, o trabalho duro de chegar ao sim está apenas começando.

Esta edição

Ao longo desses 30 anos, nós aperfeiçoamos consideravelmente nosso conjunto de ferramentas, como registrado em livros como *Supere o não*, *Chegando à paz*, *Além da razão* e *O poder do não positivo*, que exploram desafios importantes ao lidar com grandes diferenças de forma colaborativa e eficaz. Não tentamos resumir todo esse material aqui, pois uma das virtudes de *Como chegar ao sim* é ser curto e objetivo. Em vez disso, nesta revisão acrescentamos ideias relevantes que ajudam a esclarecer melhor o nosso ponto de vista e fizemos pequenas mudanças para atualizar nosso pensamento. Por exemplo, tornamos nossa resposta à questão final do livro, sobre o poder da negociação, consistente com o modelo dos sete elementos de negociação que ensinamos na Faculdade de Direito de Harvard.

Um ajuste que chegamos a considerar, mas por fim rejeitamos, foi a troca da palavra "separar" por "desenredar" em "separar as pessoas do problema", o poderoso primeiro passo no método da negociação baseada em princípios. Alguns leitores concluíram que "separar" sugeria que deixassem de lado a dimensão pessoal da negociação para se concentrar no problema real, ou ignorar questões emocionais e "ser racional". Esta não é nossa intenção. O negociador deve encarar a necessidade de lidar com questões pessoais como prioridade do início ao fim de uma negociação. Como o texto afirma logo no início, "Os negociadores são, antes de tudo, pessoas".

Acreditamos que, ao separar as pessoas do problema, você pode ser "gentil com as pessoas" e "firme com o problema". Caso se mostre respeitoso e atento às questões do outro negociador, provavelmente será capaz de fortalecer o relacionamento, mesmo discordando da essência delas.

Por fim, acrescentamos material sobre o impacto dos meios de comunicação na negociação. O crescimento do e-mail e das mensagens de texto e a criação de organizações "virtuais" globais aumentaram a importância dessa variável, sobretudo à luz de pesquisas que mostram seus efeitos na dinâmica e nos resultados de negociações.

Nosso futuro humano

Todos nós fazemos parte de uma geração pioneira de negociadores. Embora a negociação como processo de tomada de decisão exista desde os primórdios da história humana, ela nunca foi tão fundamental para a vida e a sobrevivência da espécie.

À medida que a revolução da negociação se desenrola, nossa aspiração é que os princípios contidos neste livro continuem ajudando as pessoas individual e coletivamente a negociar a miríade de dilemas em suas vidas. Nas palavras do poeta Wallace Stevens: "Depois do não definitivo vem um sim, e desse sim depende o mundo futuro."

Desejamos a você todo o sucesso para chegar a esse sim!

Roger Fisher, William Ury e Bruce Patton
2011

Prefácio à segunda edição

Durante os últimos 10 anos, a negociação como campo de interesse acadêmico e profissional cresceu de maneira substancial. Novos trabalhos teóricos foram publicados, estudos de caso foram produzidos e pesquisas empíricas foram realizadas. Há 10 anos, poucas instituições ofereciam cursos de negociação; agora eles estão praticamente por toda parte. As universidades estão começando a contratar professores especialistas em negociação. As empresas de consultoria estão fazendo a mesma coisa no mundo corporativo.

Diante desse cenário de mudança intelectual, as ideias de *Como chegar ao sim* resistiram bem. Ganharam atenção e aceitação consideráveis de um público amplo e com frequência são citadas como pontos de partida para outros trabalhos. Felizmente, permanecem convincentes também para os autores. A maioria das dúvidas e dos comentários se concentrou em áreas nas quais o livro se mostrou ambíguo ou nas quais os leitores pediram orientações mais específicas.

Em vez de interferir ao longo do texto (e pedir aos leitores que o conhecem para procurar as diferenças), optamos por acrescentar os materiais novos em uma seção ao final da segunda edição. O texto principal permanece completo e inalterado, exceto por atualizações nos valores dos exemplos para acompanhar a inflação e por reformulações pontuais para esclarecer significados e eliminar linguagem sexista. Esperamos que nossas respostas às "10 perguntas que as pessoas fazem sobre *Como chegar ao sim*" sejam úteis e atendam a alguns dos interesses expressados pelos leitores.

Respondemos a perguntas sobre (1) o significado e os limites da negociação "baseada em princípios" (nossa resposta é um conselho prático, não moral); (2) como lidar com alguém que parece irracional ou tem um sistema de valores, um ponto de vista ou um estilo de negociação diferente do nosso; (3) táticas, como, por exemplo, onde marcar a reunião, quem deve fazer a primeira proposta e como passar da criação de opções para o estabelecimento de compromissos; e (4) o papel do poder na negociação.

O aprofundamento em alguns tópicos ficará para outros livros. Leitores interessados em mais detalhes sobre como lidar com as "questões pessoais" na negociação para estabelecer uma relação de trabalho eficaz podem gostar de *Como chegar a um acordo*, de Roger Fisher e Scott Brown. Se sua maior preocupação é lidar com pessoas e situações difíceis, procure *Supere o não*, de William Ury. Sem dúvida, outros livros virão. Há muito mais a dizer sobre poder, negociações multilaterais, transações interculturais, estilos pessoais e diversos outros assuntos.

Novamente agradecemos a Marty Linsky, desta vez pelo olhar aguçado e as sugestões pertinentes sobre nosso novo material. Nosso agradecimento especial a Doug Stone por sua perspicácia na crítica, na edição e, às vezes, na reescrita dos sucessivos rascunhos deste material. Ele tem a misteriosa habilidade de identificar pensamentos ou parágrafos confusos.

Roger Fisher, William Ury e Bruce Patton
1991

Durante mais de 12 anos, Bruce Patton trabalhou conosco na formulação e na explicação de todas as ideias deste livro. No ano passado, ele liderou o esforço de converter nossas ideias num texto com o qual todos estamos de acordo. É um prazer receber Bruce, editor da primeira edição, como coautor da segunda.

Roger Fisher e William Ury
1991

Introdução

Goste ou não, você é um negociador. A negociação é um fato da vida. Você discute um aumento com seu chefe. Tenta chegar a um acordo com um estranho sobre o preço de compra da casa dele. Dois advogados buscam resolver um processo decorrente de um acidente de carro. Um grupo de petroleiras planeja criar uma joint venture para exploração offshore. Uma autoridade se encontra com líderes sindicais para evitar uma greve dos transportes. O secretário de Estado norte-americano se reúne com o primeiro-ministro russo para chegar a um acordo que limite o uso e o desenvolvimento de armas nucleares. Todos esses são exemplos de negociações.

Todo mundo negocia algo todos os dias. Assim como o personagem Monsieur Jourdain, de Molière, que ficou encantado ao saber que vinha falando em prosa durante toda a vida, negociamos mesmo quando não achamos que estamos fazendo isso. Você negocia com o cônjuge para decidir onde vão jantar e com o filho sobre a hora de dormir. A negociação é um meio básico de obter o que se quer dos outros. É uma comunicação de mão dupla projetada para chegar a um acordo quando você e a outra parte têm alguns interesses em comum e outros opostos (além de alguns interesses que podem simplesmente ser diferentes).

Cada vez mais ocasiões exigem negociação; o conflito é um setor em crescimento. Todos querem participar das decisões que os afetem, e cada vez menos pessoas aceitam decisões ditadas por outros. Os indivíduos são diferentes entre si e usam a negociação para lidar com essas diferenças. Seja numa empresa, no governo ou na família, a maioria das decisões é alcançada por meio da negociação. Mesmo quando vão ao tribunal, quase sempre as partes negociam um acordo antes do julgamento.

Embora a negociação aconteça todos os dias, não é fácil ser bom nisso. As estratégias-padrão de negociação muitas vezes deixam os negociadores insatisfeitos, desgastados ou indispostos – e com frequência as três coisas ao mesmo tempo.

As pessoas acham que precisam escolher entre duas formas de negociar: gentil ou firme. O negociador gentil quer evitar o conflito pessoal, por isso faz concessões para chegar a um acordo. Busca uma resolução amigável, mas às vezes acaba se sentindo explorado e amargurado. O negociador firme enxerga qualquer situação como uma queda de braço na qual vence quem assume as posições mais extremas e se mantém firme por mais tempo. Ele quer vencer, mas às vezes acaba instigando uma resposta dura que esgota seus recursos e prejudica o relacionamento com a outra parte. Outras estratégias de negociação se situam entre a firme e a gentil, mas todas elas envolvem um dilema entre obter o que se deseja e se relacionar bem com o outro lado.

Existe uma terceira maneira de negociar, nem só firme nem só gentil; em vez disso, firme *e* gentil. No método da *negociação baseada em princípios*, desenvolvido no Projeto de Negociação de Harvard (Harvard Negotiation Project), o negociador decide as questões por seus méritos, e não por um processo de barganha focado no que cada lado diz que vai ou não fazer. Ele sugere que você busque ganhos mútuos sempre que possível e que, quando os interesses forem conflitantes, insista em fazer com que o resultado se baseie em critérios justos, seja qual for a vontade das partes. O método de negociação baseada em princípios é firme com os méritos e gentil com as pessoas. Não emprega truques e dissimulações. Ensina o negociador a obter o que merece sem abrir mão da integridade. Permite que ele seja justo ao mesmo tempo que o protege de quem quer tirar vantagem da sua justeza.

O fio condutor deste livro é o método de negociação baseada em princípios. O primeiro capítulo descreve os problemas que surgem quando, em vez dele, são usadas estratégias-padrão de negociação de posições. Os quatro seguintes apresentam os quatro princípios do nosso método. Os três últimos respondem às perguntas mais comuns sobre o método: E se o outro lado tiver mais poder? E se ele não cooperar? E se ele tentar usar truques sujos?

A negociação baseada em princípios pode ser aplicada por diplomatas em negociações de controle do uso de armas, por investidores que negociam aquisições corporativas e por casais que querem decidir desde onde passar as férias até a divisão de bens no divórcio. É essencial até para negociadores que buscam a libertação de reféns de sequestro. Qualquer um pode empregar este método.

Cada negociação é diferente, mas os elementos básicos não mudam. A negociação baseada em princípios pode ser usada para um ou vários problemas; por duas ou mais partes; se há um ritual predeterminado, como é comum em negociações coletivas, ou se é de improviso, como em conversas com sequestradores. O método se aplica independentemente de o outro lado ser mais ou menos experiente e de ser um negociador difícil ou amistoso. A negociação baseada em princípios é uma estratégia para todos os fins. Ao contrário de quase todas as outras estratégias, não é mais difícil usá-la caso o outro lado a conheça; pelo contrário, torna-se mais fácil. Se ele tiver lido este livro, melhor ainda.

PARTE I

O PROBLEMA

1. Não negocie posições

1

Não negocie posições

Nas mais diversas negociações – seja para tratar de um contrato, uma disputa familiar ou um acordo de paz entre países –, é comum pessoas se envolverem em uma negociação de posições. Cada parte assume uma posição, argumenta e faz concessões para chegar a um acordo. O exemplo clássico desse vaivém é a barganha que acontece entre uma freguesa e o dono de um bazar:

FREGUESA: Quanto você quer por este prato de bronze?
DONO DO BAZAR: Esta é uma bela antiguidade. Posso fazer por 75 dólares.
FREGUESA: Ora, por favor, está amassado. Eu pago 15.
DONO DO BAZAR: Eu poderia até considerar uma oferta séria, mas 15 dólares não é uma oferta séria.
FREGUESA: Bom, posso chegar a 20, mas 75 eu nunca pagaria. Faça um preço realista.
DONO DO BAZAR: Você é dura na queda... 60 dólares em dinheiro e negócio fechado.
FREGUESA: Dou 25.
DONO DO BAZAR: Ele me custou muito mais do que isso. Faça uma oferta *séria*.
FREGUESA: Então, 37,50. É o máximo que eu pago.
DONO DO BAZAR: A senhora notou a gravura no prato? Ano

que vem, peças como esta vão valer o dobro do que você quer pagar hoje.

E assim continua a conversa. Talvez eles cheguem a um acordo, talvez não.

Qualquer método de negociação pode ser julgado imparcialmente conforme três critérios: deve levar a um acordo sensato – caso ele seja possível –, deve ser eficiente e deve melhorar ou, pelo menos, não prejudicar a relação entre as partes. (Um acordo sensato pode ser definido como aquele que, na medida do possível, atende aos interesses legítimos de cada lado, resolve conflitos de interesse de forma justa, é durável e leva em conta os interesses da comunidade.)

A forma mais comum de negociação, ilustrada pelo exemplo anterior, depende de as partes sucessivamente assumirem posições e depois abrirem mão delas.

Assumir posições, como fazem a freguesa e o lojista, tem algumas finalidades úteis numa negociação: diz ao outro lado o que você quer, fornece uma âncora em uma situação de incerteza e pressão, e às vezes pode produzir um acordo aceitável. Mas esses objetivos podem ser alcançados de outras formas. E a negociação de posições não atende aos critérios básicos para se produzir um acordo sensato de forma eficiente e amistosa.

Negociar posições gera resultados insensatos

Quando negociam posições, as partes tendem a se fechar nelas. Quanto mais você defende e deixa clara sua posição, mais se compromete com ela. Quanto mais tenta convencer o outro lado da impossibilidade de mudar sua posição inicial, mais difícil se torna fazê-lo. Seu ego se identifica com sua posição. Você passa a ter o interesse de não parecer incoerente – conciliar a ação futura com posições passadas –, o que reduz a chance de um acordo que concilie de forma sensata os interesses originais das partes.

O perigo de se fechar na negociação de posições foi bem ilustrado em 1961, quando, durante o governo Kennedy, os Estados Unidos e a União Soviética interromperam o diálogo sobre uma possível suspensão total de testes nucleares, o que poderia ter evitado grande parte da corrida armamentista das superpotências que se estendeu pelas três décadas seguintes.

Surgiu uma questão crítica: quantas inspeções *in loco* a União Soviética e os Estados Unidos poderiam fazer, por ano, no território do outro para investigar eventos sísmicos suspeitos? A União Soviética sugeriu três. Os Estados Unidos insistiram em não menos de 10. E assim, por causa das posições, as conversas acabaram, apesar de as partes nem sequer terem definido o que significava "inspeção" – era apenas uma pessoa olhando a área suspeita por alto durante um dia ou 100 pessoas vasculhando tudo por um mês? As partes não se esforçaram para elaborar um procedimento de inspeção que conciliasse o interesse americano de fazer diversas verificações com o desejo de ambos os países por uma intromissão mínima em seus respectivos territórios.

O foco na posição quase levou a um derramamento de sangue desnecessário numa disputa entre agricultores e a companhia petrolífera nacional do Iraque após a queda do regime de Saddam Hussein. No sul do país, agricultores desalojados por conta dos conflitos se uniram, arrendaram terras aráveis do governo e usaram suas últimas economias e empréstimos para o plantio. Meses depois, receberam uma carta pedindo que deixassem o local imediatamente, porque havia sido descoberto petróleo no subsolo e no contrato de arrendamento havia uma cláusula que permitia o desalojamento nesses casos. A petroleira disse: "Saiam da nossa terra." Os agricultores responderam: "A terra é nossa e não vamos sair." A companhia ameaçou chamar a polícia. Os agricultores disseram: "Nós estamos em maior número." A empresa ameaçou enviar o exército: "Nós também temos armas; não vamos sair", retrucaram os agricultores. "Não temos nada a perder."

As tropas se mobilizaram, e o derramamento de sangue só foi evitado porque, no último segundo, um oficial que havia acabado de concluir um treinamento em alternativas à negociação de posições interveio. "Em quanto tempo vocês esperam produzir petróleo nesta terra?", perguntou ele à petroleira. "Provavelmente três anos", responderam. "O que vocês pretendem fazer na terra nos próximos meses?" "Mapeamento e um breve levantamento sísmico das camadas subterrâneas." Em seguida, ele perguntou aos agricultores: "Qual é o problema de vocês irem embora agora, como eles pediram?" "A colheita é daqui a seis semanas. É tudo que temos."

Pouco depois, as partes chegaram a um acordo: os agricultores poderiam fazer a colheita e não impediriam as atividades preparatórias da petroleira. Na verdade, a empresa esperava contratar vários agricultores como operários e não se opôs a eles continuarem plantando entre as torres de perfuração.

Como se percebe com esses exemplos, quanto mais atenção é dada às posições, menos é dedicada às preocupações subjacentes das partes. A chance de acordo diminui. E, se for alcançado, o acordo pode acabar refletindo uma divisão mecânica da diferença entre as posições finais de cada parte, em vez de uma solução cuidadosamente elaborada para atender aos interesses legítimos delas. Com frequência, o resultado é um acordo menos satisfatório que o possível – ou até a falta de acordo numa situação em que ele seria possível.

Negociar posições não é eficiente

O método-padrão de negociação até poderia produzir acordos sobre um desses casos – o preço de um prato de bronze, uma trégua ou o número de inspeções *in loco*. Em todos eles, porém, o processo levaria muito tempo.

Negociar posições cria entraves ao acordo. Na negociação de posições, cada parte busca aumentar a chance de um acordo favorável para si iniciando a conversa com uma posição extrema, atendo-se a ela, enganando a outra parte quanto às suas verdadeiras opiniões e fazendo pequenas concessões apenas para manter a negociação em andamento. Cada um desses fatores interfere na possibilidade de se chegar a um acordo prontamente. Quanto mais extremas as posições iniciais e menores as concessões, mais tempo e esforço serão necessários para descobrir se um acordo é ou não possível.

Esse vaivém também requer um grande número de decisões individuais, pois cada negociador decide o que oferecer, o que rejeitar e quanto ceder. A tomada de decisões é, na melhor das hipóteses, difícil e demorada. Quando cada decisão envolve não apenas ceder ao outro lado, mas provavelmente uma pressão para ceder ainda mais, o negociador tem pouco incentivo para agir rápido. Táticas como enrolar, ameaçar cancelar a negociação, recusar-se a colaborar, etc. tornam-se comuns. Todas aumentam o tempo e o custo de se chegar a um acordo, além de elevar a chance de não haver acordo algum.

Negociar posições põe em risco o relacionamento

A negociação de posições torna-se uma disputa de vontades. Cada negociador declara o que vai ou não fazer. A tarefa de desenvolver conjuntamente uma solução aceitável tende a se tornar uma batalha. Um lado tenta forçar o outro a mudar sua posição. "Eu não vou ceder. Só vou ao cinema com você se for para ver *Avatar*." O resultado costuma ser raiva e ressentimento, pois um lado acaba cedendo à vontade rígida do outro enquanto suas preocupações legítimas não são atendidas. A negociação de posições, portanto, abala e, às vezes, causa o rompimento da relação entre as partes. Empresas que fazem negócios há anos se separam. Vizinhos deixam de se falar. A amargura gerada por esses confrontos pode durar a vida toda.

Quando há muitas partes envolvidas, a negociação de posições é ainda pior

Embora seja conveniente ver a negociação como uma discussão entre duas partes – você e "o outro lado" –, na prática quase todas as negociações envolvem mais de dois lados. Várias partes podem sentar-se à mesa, ou cada parte pode ter clientes, superiores, diretorias ou comitês com os quais precisam lidar. Quanto mais pessoas envolvidas numa negociação, mais graves as desvantagens impostas pela negociação de posições.

Se mais de 150 países estão negociando, como acontece em várias conferências das Nações Unidas, a negociação de posições se torna quase impossível. Para haver consenso é preciso que todas as partes aceitem determinada proposta, mas basta que uma diga não para pôr tudo a perder. Concessões recíprocas são difíceis: a quem você deve fazer uma concessão? Mesmo que isso aconteça, porém, milhares de acordos bilaterais não formam um acordo multilateral. Nessas situações, a negociação de posições leva à formação de coalizões cujos interesses em comum são, muitas vezes, mais simbólicos do que concretos. Na ONU, essas coalizões costumam resultar em negociações entre o Norte e o Sul ou entre o Oriente e o Ocidente. Como cada grupo conta com muitos membros, fica mais difícil chegar a uma posição comum. E o pior: quando, com muito sacrifício, conseguem desenvolver uma posição comum a todos, é muito mais difícil mudá-la. Também é complicado mudar de posição quando alguns participantes são autoridades que não estão na mesa de negociação mas precisam aprovar o acordo.

Ser bonzinho não é a solução

Muitas pessoas sabem dos altos custos das negociações baseadas em posições duras, sobretudo para as partes e o relacionamento entre elas, e buscam evitá-las seguindo um estilo de negociação mais gentil. Em vez de verem o outro lado como adversário, preferem vê-lo como amigo. Em vez de focarem na vitória, concentram-se na necessidade de chegar a um acordo. Numa negociação gentil, os movimentos-padrão são fazer ofertas e concessões, confiar no outro lado, ser amigável e ceder quando necessário para evitar o confronto.

A tabela a seguir ilustra dois estilos de negociação de posições: gentil e firme. A maioria das pessoas acredita que deve estar em algum ponto entre esses estilos. Olhando para a tabela, você se vê como um negociador gentil, firme ou seguiria uma estratégia entre os extremos?

PROBLEMA
Negociação de posições: qual é o seu estilo de jogo?

GENTIL	FIRME
Os participantes são amigos.	Os participantes são adversários.
O objetivo é o acordo.	O objetivo é vencer.
Faz concessões para preservar o relacionamento.	Exige concessões como condição para manter o relacionamento.
É gentil com as pessoas e com o problema.	É firme com o problema e com as pessoas.
Confia nos outros.	Desconfia dos outros.
Muda de posição com facilidade.	Atém-se à sua posição.
Faz ofertas.	Faz ameaças.
Revela seu principal objetivo.	Esconde seu principal objetivo.
Aceita perdas unilaterais para chegar ao acordo.	Exige vitórias unilaterais como preço pelo acordo.
Busca uma única resposta: a que *a outra parte* vai aceitar.	Busca uma única resposta: a que *ele próprio* vai aceitar.
Insiste no acordo.	Insiste em sua própria posição.
Tenta evitar disputas.	Tenta vencer disputas.
Cede à pressão.	Faz pressão.

A negociação gentil enfatiza a importância da construção e manutenção do relacionamento. Nas famílias e entre amigos, muitas negociações acontecem dessa forma. O processo tende a ser eficiente, pelo menos para produzir resultados rápidos. Como as partes competem para serem as mais generosas e acessíveis, há grande probabilidade de acordo. Mas talvez não seja um acordo sensato. Os resultados podem não ser tão trágicos quanto na história do escritor O. Henry sobre o casal pobre cuja esposa vende o cabelo para comprar uma corrente para o relógio do marido e o marido desavisado vende o relógio para comprar um lindo pente para o cabelo da mulher. No entanto, qualquer negociação preocupada acima de tudo com o relacionamento corre o risco de produzir um acordo ruim.

O maior problema, porém, é que buscar uma forma gentil e amigável de negociação de posições torna você vulnerável a um negociador firme. Na negociação de posições, o jogo duro domina o suave. Se o negociador firme exige concessões e faz ameaças e o negociador gentil cede para evitar o confronto e insiste num acordo, o jogador firme tende a vencer. O processo produzirá um acordo que não é sensato e será mais favorável para o negociador firme do que para o gentil. Se você negociar de forma gentil contra um negociador firme, provavelmente sairá perdendo.

Existe uma alternativa

Se não gosta de ter que escolher entre a negociação firme e a gentil, você pode mudar o jogo.

O jogo da negociação acontece em dois níveis. Em um, a negociação aborda a essência; em outro, se concentra – em geral, de modo implícito – no procedimento para lidar com a essência. A primeira negociação pode tratar do seu salário, dos termos de um contrato de locação ou do preço de um objeto. A segunda diz respeito à forma como você negociará: negociando posições de forma gentil, firme ou por outro método. A segunda negociação é um jogo sobre um jogo – um "metajogo". Cada movimento que você faz dentro de uma negociação não serve apenas para resolver o valor do aluguel, do salário ou outras questões essenciais; serve também para estruturar as regras do jogo. Seus movimentos podem ajudá-lo a manter as negociações em andamento ou mudar todo o jogo.

Essa segunda negociação muitas vezes passa despercebida, pois se dá sem uma decisão consciente. É provável que você só sinta necessidade de estabelecer um processo aceito para as negociações essenciais ao lidar com alguém de outro país, sobretudo de formação cultural bem diferente. De qualquer modo, conscientemente ou não, a cada movimento você está negociando regras processuais, mesmo que os movimentos pareçam preocupados apenas com a essência.

A resposta para a pergunta se é melhor usar a negociação gentil ou firme é: "Nenhuma das duas." Mude o jogo. No Projeto de Negociação de Harvard, desenvolvemos uma alternativa à negociação de posições – um método projetado para produzir resultados sensatos com eficiência e de modo amistoso. Esse método, conhecido como *negociação baseada em princípios* ou *negociação dos méritos*, pode ser reduzido a quatro pontos básicos.

Estes quatro pontos definem um método direto de negociação que pode ser usado em praticamente qualquer circunstância. Cada ponto trata de um elemento básico da negociação e sugere o que fazer a respeito dele.

PESSOAS: Separe as pessoas do problema.

INTERESSES: Concentre-se nos interesses, não nas posições.

OPÇÕES: Antes de decidir o que fazer, crie diversas opções com possibilidade de ganhos mútuos.

CRITÉRIOS: Insista em que o resultado se baseie em critérios objetivos.

A tabela a seguir traz esses quatro pontos e contrasta a negociação baseada em princípios com as negociações de posições firme e gentil.

PROBLEMA Negociação de posições: qual é o seu estilo de jogo?		**SOLUÇÃO** Mude o jogo – negocie os méritos
GENTIL	**FIRME**	**BASEADA EM PRINCÍPIOS**
Os participantes são amigos.	Os participantes são adversários.	Os participantes são solucionadores de problemas.
O objetivo é o acordo.	O objetivo é vencer.	O objetivo é um acordo sensato, feito de modo eficiente e amistoso.
Faz concessões para preservar o relacionamento.	Exige concessões como condição para manter o relacionamento.	**Separa as pessoas do problema.**
É gentil com as pessoas e com o problema.	É firme com o problema e com as pessoas.	É gentil com as pessoas, mas firme com o problema.
Confia nos outros.	Desconfia dos outros.	Prossegue independentemente de confiança.
Muda de posição com facilidade.	Atém-se à sua posição.	**Concentra-se nos interesses, não nas posições.**
Faz ofertas.	Faz ameaças.	Explora os interesses.
Revela seu principal objetivo.	Esconde seu principal objetivo.	Evita ter um objetivo principal.
Aceita perdas unilaterais para chegar ao acordo.	Exige vitórias unilaterais como preço pelo acordo.	**Cria diversas opções com possibilidade de ganhos mútuos.**
Busca uma única resposta: a que *a outra parte* vai aceitar.	Procura uma única resposta: a que *ele próprio* vai aceitar.	Desenvolve múltiplas opções; decide depois.
Insiste no acordo.	Insiste em sua própria posição.	**Insiste em usar critérios objetivos.**
Tenta evitar disputas.	Tenta vencer disputas.	Tenta chegar a um resultado baseado em critérios independentes da vontade pessoal.
Cede à pressão.	Faz pressão.	É razoável e está aberto à razão; cede a princípios, não à pressão.

O primeiro ponto diz respeito ao fato de que os seres humanos não são computadores. Somos criaturas emotivas que muitas vezes têm pontos de vista radicalmente opostos e dificuldade de se comunicar com clareza. As emoções costumam se misturar aos méritos objetivos do problema, e a tomada de posições só piora a situação, pois o ego do negociador se identifica com suas posições. Fazer concessões "pelo relacionamento" é um comportamento igualmente problemático, porque encoraja e recompensa a teimosia, que pode causar ressentimento e prejudicar a relação. Por isso, antes mesmo de começar a trabalhar no problema essencial, é preciso dissociá-lo do problema humano ou de nível pessoal, que precisa ser tratado em separado. Os participantes deveriam se ver – se não de forma literal, ao menos de maneira figurada – trabalhando lado a lado, atacando o problema, não um ao outro. Daí a primeira premissa: *Separe as pessoas do problema.*

O segundo ponto é projetado para superar o inconveniente de se concentrar nas posições declaradas pelas pessoas quando o objeto de uma negociação é atender a seus interesses subjacentes. Muitas vezes, uma negociação de posições obscurece o que você no fundo deseja. Chegar a um meio-termo entre duas posições antagônicas dificilmente resultará num acordo que de fato cuide das necessidades humanas que levaram as pessoas a adotar essas posições. O segundo elemento básico do método é: *Concentre-se nos interesses, não nas posições.*

O terceiro ponto trata da dificuldade de encontrar as melhores soluções sob pressão. Quando você tenta tomar uma decisão na presença de um adversário, sua visão acaba sendo estreitada. O fato de haver muita coisa em jogo inibe a criatividade, assim como a busca por uma única solução correta. Você pode evitar essas limitações reservando um tempo para pensar com antecedência numa ampla gama de soluções que promovam os interesses comuns às partes e conciliem os interesses divergentes de forma criativa. Daí o terceiro ponto básico: antes de tentar chegar a um acordo, *crie opções com possibilidade de ganhos mútuos.*

Quando os interesses são diametralmente opostos, um negociador pode conseguir um resultado favorável na base da simples teimosia. Esse método costuma recompensar a intransigência e produzir resultados arbitrários. No entanto, você pode enfrentar esse negociador dizendo que o acordo deve refletir um critério justo, independentemente da simples vontade de uma das partes. Isso não significa insistir em fazer com que os termos sigam o critério que *você* quer, apenas garantir que um critério justo – como o valor de mercado, a opinião de especialistas, a tradição ou a lei – determine o resultado. Ao discutir esses critérios, em vez de negociar o que cada um está ou não disposto a fazer, nenhuma das partes precisa ceder à outra; ambas podem chegar a uma solução justa. Daí o quarto ponto básico: *Insista em usar critérios objetivos.*

As quatro proposições fundamentais da negociação baseada em princípios são relevantes desde o momento em que você começa a pensar em negociar até quando o acordo é alcançado ou você desiste dele. Esse período pode ser dividido em três estágios: análise, planejamento e discussão.

Durante a fase de *análise*, você faz um diagnóstico da situação – coleta e organiza informações e reflete sobre elas. Além de identificar tanto seus interesses quanto os da outra parte, você deve levar em conta problemas em nível pessoal como pontos de vista tendenciosos, emoções hostis e falta de clareza na comunicação. Registre as opções já sugeridas e identifique critérios já levantados como base para o acordo.

Durante a fase de *planejamento*, você lida com os mesmos quatro elementos pela segunda vez, gerando ideias e decidindo o que fazer. Como pretende resolver os problemas humanos ou de nível pessoal? Entre os seus próprios interesses, quais são os mais importantes? Quais são seus objetivos realistas? Crie opções e critérios adicionais para escolher um deles.

Durante a fase de *discussão*, quando as partes interagem em busca de um acordo, mais uma vez os quatro elementos são os melhores temas de discussão. Nesse estágio o negociador identifica e resolve diferenças de ponto de vista, sentimentos de frustração e irritação e dificuldades de comunicação. Um lado deve entender os interesses do outro. Juntos, eles podem criar opções mutuamente vantajosas e chegar a um acordo sobre quais serão os critérios objetivos a serem adotados para resolver interesses conflitantes.

Resumindo, em contraste com a negociação de posições, o método da negociação baseada em princípios - que se concentra em interesses básicos, busca opções satisfatórias para todas as partes e adota critérios justos - costuma gerar acordos *sensatos.* O método permite que você alcance um consenso gradual sobre uma decisão conjunta *de forma eficiente*, sem todos os custos transacionais que surgem quando nos apegamos a determinadas posições e abrimos mão delas depois. Ao separar as pessoas do problema, você pode lidar de forma direta e empática com o outro negociador como ser humano, possibilitando um resultado *amistoso.*

Os quatro capítulos a seguir tratam mais detalhadamente de cada um desses pontos básicos. Caso tenha qualquer dúvida no meio do caminho, recomendo que avance para os Capítulos 6, 7 e 8, que respondem às dúvidas mais comuns sobre o método.

PARTE II

O MÉTODO

2. Separe as **pessoas** do problema

3. Concentre-se nos **interesses**, não nas posições

4. Crie **opções** com possibilidade de ganhos mútuos

5. Insista em usar **critérios** objetivos

2

Separare as pessoas do problema

Todo mundo sabe como é difícil lidar com um problema sem que haja mal-entendidos, desgastes, irritação ou sem que as partes levem as coisas para o lado pessoal.

Um líder sindical pergunta à sua equipe:

– Quem convocou a paralisação?

– Eu – responde Jones, dando um passo à frente. – Foi por causa daquele estúpido supervisor Campbell novamente. Pela quinta vez em duas semanas ele me tirou do nosso grupo para me colocar como substituto. Ele vive pegando no meu pé, e eu cansei. Por que tenho que fazer todo o trabalho sujo?

Mais tarde, o líder sindical confronta Campbell.

– Por que você sempre escolhe Jones? Ele diz que você o enviou como substituto cinco vezes em duas semanas. O que está acontecendo?

– Escolho Jones porque ele é o melhor – responde Campbell. – Sei que posso confiar nele para tudo correr bem num grupo desfalcado. Só envio Jones quando a pessoa que falta é fundamental, do contrário mando outro funcionário. O problema é que houve um surto de gripe e muita gente tem faltado. Eu não sabia que Jones tinha um problema com isso. Achei que gostasse da responsabilidade.

Em outra situação da vida real, a advogada de uma seguradora diz ao superintendente do departamento estadual de seguros:

– Agradeço seu tempo, Thompson. Quero conversar com você sobre alguns problemas que temos tido com a cláusula presuntiva de responsabilidade civil. Achamos que a forma como a cláusula foi redigida gera um impacto injusto sobre as seguradoras. As apólices que estão em vigor contêm limitações de ajuste tarifário. Gostaríamos de avaliar como isso pode ser revisto...

O superintendente a interrompe:

– Sra. Monteiro, sua empresa teve a oportunidade de expressar qualquer objeção durante as audiências que meu departamento promoveu na época da criação das políticas reguladoras. Escutei cada testemunho e escrevi pessoalmente a versão final das disposições sobre responsabilidade civil. A senhora está dizendo que cometi um erro?

– Não, mas...

– Está dizendo que sou injusto?

– Claro que não, senhor, mas acredito que esta cláusula teve consequências imprevistas e...

– Quando me candidatei a este cargo, prometi aos cidadãos que poria um ponto final em secadores de cabelo assassinos e bombas disfarçadas de automóveis. A regulação cumpriu esse objetivo. Ano passado sua empresa lucrou milhões com as apólices de responsabilidade civil. Você acha que pode me fazer de idiota e entrar aqui falando sobre regulação "injusta" e "consequências imprevistas"? Não quero ouvir nem mais uma palavra sobre esse assunto. Tenha um bom dia, Sra. Monteiro.

E agora? A advogada pressiona o superintendente, deixando-o irritado e provavelmente não chegando a lugar algum? Sua empresa possui muitos negócios no estado. Ter um bom relacionamento com o superintendente é fundamental. Será que ela deve deixar o assunto para lá, mesmo convencida de que a regulação é injusta, de que seus efeitos de longo prazo tendem a ser contrários ao interesse público e que nem mesmo os especialistas previram esse problema na época das audiências públicas iniciais?

O que está acontecendo nesses casos?

Os negociadores são, antes de tudo, pessoas

Um fato básico da negociação que costuma ser esquecido nas transações corporativas e internacionais é que você não está lidando com representantes abstratos do "outro lado", mas com seres humanos. Eles têm emoções, valores profundamente arraigados e origens e pontos de vista diferentes – e são imprevisíveis. São influenciados por seus vieses cognitivos, percepções parciais, pontos cegos e saltos ilógicos. Assim como nós.

Esse aspecto humano da negociação pode ser útil ou catastrófico. O processo de elaboração de um acordo tende a produzir um compromisso psicológico com um resultado mutuamente satisfatório. Uma relação de trabalho em que a confiança, a compreensão, o respeito e a amizade são construídos ao longo do tempo torna cada nova negociação mais harmoniosa e eficiente. Além disso, o desejo que as pessoas têm de se sentirem bem consigo mesmas e sua preocupação com o que se pensa sobre elas podem deixá-las mais sensíveis aos interesses de outros negociadores.

Por outro lado, as pessoas se sentem irritadas, deprimidas, temerosas, hostis, frustradas e ofendidas. Têm um ego facilmente ameaçável. Veem o mundo a partir do próprio ponto de vista e frequentemente confundem suas percepções com a realidade. Muitas vezes não interpretam o que você disse da maneira como você pretendia que entendessem e também não quiseram dizer aquilo que você interpretou da fala delas. O mal-entendido pode reforçar preconceitos e levar a ações que produzem reações, num círculo vicioso; a exploração racional de possíveis soluções torna-se impossível e a negociação acaba falhando. O objetivo do jogo passa a ser marcar pontos, confirmar impressões negativas e fazer acusações, e os interesses essenciais de ambas as partes ficam de lado.

Não ser capaz de lidar com os outros com sensibilidade, como seres humanos que têm reações humanas, pode ser desastroso para uma negociação. Não importa o que você esteja fazendo durante a negociação – desde a preparação até a fase de acompanhamento –, sempre vale a pena se perguntar: "Estou prestando atenção suficiente no problema de nível pessoal?"

Todo negociador tem dois tipos de interesses: um na essência e outro no relacionamento

Todo negociador quer chegar a um acordo que satisfaça a seus interesses essenciais. É por isso que se negocia. Além disso, também tem interesse em seu relacionamento com a outra parte. Um comerciante de antiguidades quer não só obter lucro com as vendas, mas também fidelizar o cliente. No mínimo, o que o negociador quer, caso possível – e dados os interesses de cada lado –, é manter um relacionamento bom o bastante para produzir um acordo aceitável e garantir sua implementação eficaz.

Em geral, há mais coisas em jogo. A maioria das negociações acontece no contexto de uma relação contínua, por isso é importante conduzir cada negociação de forma que ela estimule, em vez de impedir, futuras relações e negociações. Na verdade, quando lidamos com clientes de longo prazo, sócios, familiares, colegas de trabalho, funcionários do governo ou países, a manutenção do relacionamento é muito mais importante do que o resultado de qualquer negociação em particular.

O relacionamento tende a se fundir com o problema. Uma das principais consequências do problema de nível pessoal ou humano na negociação é que o relacionamento entre as partes tende a se fundir com as discussões sobre a essência do problema. Costumamos tratar pessoas e problemas como uma coisa só. No âmbito familiar, uma frase como "A cozinha está uma bagunça" ou "Nossa conta bancária está no vermelho" pode ter a simples intenção de identificar um problema, mas é provável que seja ouvida como um ataque pessoal. A raiva diante de uma situação pode levá-lo a expressar raiva em relação a uma pessoa a quem você associa a situação. Os egos tendem a se envolver nas posições essenciais.

Outra razão pela qual as questões essenciais se confundem com as questões psicológicas é o fato de as pessoas fazerem inferências infundadas a respeito de comentários sobre a essência do problema. Quando isso acontece, passam a considerar o que foi dito um fato sobre as intenções e as atitudes da outra parte. É preciso ter cuidado para evitar isso, pois esse processo é quase automático; raramente percebemos que algo pode ter outras explicações válidas além da que surgiu na nossa cabeça. No exemplo do sindicato, Jones tinha certeza de que Campbell, o supervisor, só queria pegar no pé dele, enquanto Campbell achava que, ao delegar tarefas de grande responsabilidade a Jones, estava lhe fazendo um elogio e um favor.

A negociação de posições coloca o relacionamento e a essência do problema em conflito. Quando consideramos a negociação uma disputa de vontades por posições, agravamos o processo de fusão. Eu vejo sua posição como uma declaração de como você quer que seja o desfecho da negociação; do meu ponto de vista, isso demonstra que você não se importa nem um pouco com nosso relacionamento. Se eu assumir uma posição firme, você a considerará irracional e irá pressupor que também penso nela como uma posição extrema. Nesse cenário, é fácil concluir que não valorizo você nem nosso relacionamento.

A negociação de posições lida com os interesses do negociador, tanto na essência quanto no bom relacionamento, colocando um contra o outro. No exemplo da seguradora, se, a longo prazo, o que interessa para a empresa é o relacionamento com o superintendente, provavelmente você deixará a questão de lado. No entanto, ceder em um ponto essencial não compra amizade, apenas convence o outro de que você pode ser enrolado. Ou, se você se importa mais com uma solução favorável do que com obter o respeito e a simpatia da outra parte, pode tentar obter concessões fazendo o relacionamento de refém. "Se você não concordar comigo neste ponto, azar o seu.

Esta será nossa última reunião." A questão é que, embora você possa conseguir obter concessões com essa estratégia, em geral ela resultará em um acordo que irá prejudicar a essência *e* o relacionamento.

Separe o relacionamento da essência; lide diretamente com o problema de nível pessoal ou humano

Lidar com um problema essencial e manter uma boa relação não precisam ser objetivos conflitantes se as partes estiverem comprometidas e psicologicamente preparadas para tratar cada aspecto em separado, de acordo com seus méritos próprios. Baseie o relacionamento em percepções compartilhadas, numa comunicação clara, em emoções apropriadas e numa perspectiva que vise um propósito e se volte para o futuro. Lide com os problemas humanos mudando a forma de tratar as pessoas; não tente resolvê-los fazendo concessões na essência.

Para lidar com problemas psicológicos, use técnicas psicológicas. Quando você e o outro negociador tiverem percepções diferentes, procure maneiras de esclarecê-las. Se as emoções se intensificarem, descubra formas de fazer as pessoas envolvidas desabafarem e se sentirem ouvidas. Quando houver um mal-entendido, procure melhorar a comunicação.

Para se orientar no labirinto dos problemas humanos alheios, pense em três categorias básicas: percepção, emoção e comunicação. Os problemas de nível pessoal caem numa delas.

Durante a negociação, é fácil esquecer que você precisa lidar não apenas com os problemas alheios desse nível, mas também com os seus. Às vezes, sua raiva e sua frustração podem atrapalhar um bom acordo. Suas percepções tendem a ser parciais e talvez você não esteja ouvindo ou se comunicando de modo adequado. As técnicas a seguir se aplicam aos problemas de nível pessoal ou humanos tanto seus quanto da outra parte.

Percepção

Compreender o pensamento do outro não é apenas uma atitude útil que o ajudará a resolver o problema. O pensamento da outra parte *é* o problema. Quando você está fazendo um acordo ou resolvendo uma disputa, as diferenças são definidas pelas diferenças de pensamento. Quando duas pessoas discutem, em geral é sobre um objeto (ambas se declaram donas do mesmo relógio) ou um acontecimento (uma empurra a culpa do acidente de carro para a outra). O mesmo vale para as nações. Marrocos e Argélia reivindicam uma parte do Saara Ocidental; Índia e Paquistão questionam um ao outro sobre o desenvolvimento de bombas nucleares. Nessas circunstâncias, as pessoas tendem a supor que precisam saber mais sobre o objeto ou o evento. Estudam o relógio ou analisam as marcas de derrapagem na cena do acidente. Estudam o Saara Ocidental ou a história do desenvolvimento de armas nucleares na Índia e no Paquistão.

Em última análise, porém, o conflito não está na realidade objetiva, mas na cabeça das pessoas. A verdade é apenas mais um argumento – talvez bom, talvez não – para lidar com as diferenças. A diferença existe porque está na cabeça das pessoas. Os medos, mesmo que infundados, são reais e precisam ser tratados. As esperanças, mesmo que não realistas, podem provocar uma guerra. Os fatos, mesmo que comprovados, podem não ajudar em nada na resolução do problema.

Ambas as partes podem concordar que uma perdeu o relógio e a outra o encontrou, mas discordar sobre quem deve ficar com ele. É possível comprovar que o acidente de carro foi causado por um pneu que estourou após rodar muito mais do que o recomendado, mas as partes podem não concordar sobre quem deve pagar o prejuízo. Por mais que sejam bem estudadas e documentadas, a história e a geografia do Saara Ocidental não servem para decidir esse tipo de disputa territorial. Nenhum estudo de quem desenvolveu armas nucleares e quando isso aconteceu encerrará o conflito entre Índia e Paquistão.

Por mais que seja útil saber a realidade objetiva, no fim das contas o que constitui o problema numa negociação e abre o caminho para a solução é a forma como cada lado percebe essa realidade.

Coloque-se no lugar do outro. Sua visão do mundo depende de onde você está. As pessoas tendem a ver o que querem. A partir de um conjunto de informações detalhadas, costumam escolher e se concentrar nos fatos que confirmam suas percepções e a desconsiderar ou desvirtuar os que as questionam. Quando isso acontece numa negociação, cada parte vê apenas os méritos de seu argumento e as falhas do outro.

A capacidade de se pôr no lugar do outro, por mais difícil que seja, é uma das mais importantes que um negociador pode ter. Não basta saber que ele vê as coisas de forma diferente. Para influenciá-lo, você precisa compreender com empatia o poder do ponto de vista dele e sentir a força emocional com que ele o defende. Não basta estudá-lo como se fosse um besouro num microscópio – você precisa saber como é *ser* um besouro. Para isso, deve evitar fazer julgamentos enquanto "experimenta" o ponto de vista dele. Assim como você, ele pode acreditar que está "certo". Você vê um copo meio cheio de água fresca sobre a mesa. Seu cônjuge pode ver um copo sujo, meio vazio e prestes a deixar uma mancha na madeira.

Considere as percepções contrastantes de um inquilino e uma proprietária que negociam a renovação de um contrato de aluguel:

PERCEPÇÕES DO INQUILINO	PERCEPÇÕES DA PROPRIETÁRIA
O aluguel já está alto demais.	O aluguel não é reajustado há muito tempo.
As outras despesas estão aumentando, e não posso pagar mais pela moradia.	As outras despesas estão aumentando, por isso preciso de mais renda.
O apartamento precisa ser pintado.	Foi ele quem deixou o apartamento nessas condições.
Conheço pessoas que pagam menos por apartamentos parecidos.	Conheço pessoas que pagam mais por apartamentos parecidos.

PERCEPÇÕES DO INQUILINO	PERCEPÇÕES DA PROPRIETÁRIA
Pessoas jovens como eu não podem pagar aluguéis altos.	Pessoas jovens como ele costumam ser barulhentas e cuidar mal do imóvel.
O aluguel tem que ser baixo porque o bairro é ruim.	Os proprietários precisam aumentar o aluguel para elevar o nível da vizinhança.
Sou um bom inquilino e não tenho animais de estimação.	Ele coloca música alta e isso me enlouquece.
Eu pago o aluguel sempre que ela pede.	Ele só paga o aluguel quando eu peço.
Ela é fria e distante; nunca me pergunta se estou bem.	Nunca invado a privacidade de um inquilino.

Entender o ponto de vista alheio não significa concordar com ele. Claro que, compreendendo melhor o pensamento da outra parte, você pode reavaliar sua perspectiva. Mas entender o ponto de vista alheio não é um *custo*, e sim um *benefício*, pois lhe permite reduzir a área de conflito e o ajuda a defender seus interesses com mais segurança.

Não tente adivinhar as intenções alheias com base nos seus medos. As pessoas tendem a presumir que os outros vão fazer tudo o que elas mais temem. Veja esta história publicada no *The New York Times*: "Os dois se conheceram em um bar, e ele ofereceu a ela uma carona para casa. Ele a levou por ruas desconhecidas e explicou que chegariam mais rápido por aquele atalho. Chegaram tão depressa que ela conseguiu pegar o noticiário das 10." Por que o final é tão surpreendente? Porque fizemos uma suposição com base em nossos medos.

É muito fácil se habituar a dar a pior interpretação possível para o que a outra parte diz ou faz. Em geral, nossas desconfianças nascem naturalmente de nossas percepções. Além disso, desconfiar parece ser a coisa "segura" a fazer e mostra a terceiros como o outro lado é ruim. Mas esse tipo de interpretação tem seu lado negativo: novas ideias que promovem o acordo são desprezadas e mudanças sutis de posição são ignoradas ou rejeitadas.

Não culpe o outro pelo seu problema. É tentador responsabilizar o outro lado pelo seu problema. "Sua empresa não é confiável. Toda vez que você conserta nosso gerador aqui na fábrica, faz um trabalho ruim e ele quebra outra vez." Culpar o outro é muito fácil, sobretudo quando você acredita que a outra parte é de fato responsável pelo problema. Mas, mesmo que seja verdade, apontar o dedo é contraproducente. Sob ataque, o outro lado fica na defensiva e resiste a suas investidas. Ambos os lados param de ouvir e partem para o confronto. Quando atribuímos a culpa aos outros, fundimos de vez as pessoas ao problema.

Quando você fala sobre o problema, separa os sintomas da pessoa com quem está falando. "O gerador que você tinha consertado quebrou de novo. Foram três vezes no último mês. Da primeira vez, ficou sem funcionar uma semana inteira. Nossa fábrica precisa de um gerador em funcionamento. Preciso de seu conselho: como podemos minimizar o risco de problemas no gerador? Devemos mudar a empresa de manutenção, processar o fabricante ou o quê?"

Conversem sobre as percepções um do outro. Uma forma de lidar com percepções diferentes é explicitá-las e discuti-las. Quando isso acontece de forma franca e honesta, sem que nenhum dos lados culpe o outro pelo problema, a conversa pode fornecer a compreensão necessária para que se levem mutuamente a sério.

Durante uma negociação, é normal achar que as preocupações alheias que não impedem o acordo não "têm importância". No entanto, como negociador, um dos melhores investimentos que você pode fazer é comunicar de forma clara e convincente tudo o que deseja dizer e que o outro lado quer escutar.

Considere a negociação sobre a transferência de tecnologia que surgiu na Conferência das Nações Unidas sobre o Direito do Mar. De 1974 a 1981, representantes de cerca de 150 países se reuniram em Nova York e em Genebra para formular regras sobre o uso dos oceanos, dos direitos de pesca à mineração de manganês no fundo do mar. Em certo momento, representantes dos países em desenvolvimento expressaram grande interesse numa troca de tecnologia; queriam adquirir das nações altamente industrializadas conhecimentos técnicos avançados e equipamentos para mineração em águas profundas.

Os Estados Unidos e outros países desenvolvidos não viram dificuldade em satisfazer esse desejo, portanto não deram importância à questão. No entanto, cometeram um grande erro ao tratar o assunto como algo sem importância. Se houvessem dedicado um tempo considerável à elaboração dos arranjos práticos para a transferência de tecnologia, poderiam ter tornado sua oferta muito mais convincente e atraente para os países em desenvolvimento. Ao considerá-la uma questão menor, que poderia ser resolvida depois, os países industrializados abriram mão de uma oportunidade de baixo custo para proporcionar aos países em desenvolvimento uma conquista importante e um incentivo real para chegar a um acordo sobre outras questões.

Busque oportunidades de mudar as percepções do outro lado. Talvez a melhor maneira de mudar as percepções de um indivíduo seja enviar a ele uma mensagem diferente da que ele espera. A visita do então presidente do Egito Anwar Sadat a Jerusalém, em novembro de 1977, é um excelente exemplo. Na época, os israelenses viam Sadat e o Egito como inimigos – o homem e o país que quatro anos antes haviam lançado um ataque surpresa contra Israel. Para mudar a percepção e convencer os israelenses de que também desejava a paz, Sadat foi a Jerusalém, uma terra disputada que, na época, nem mesmo os Estados Unidos, o maior parceiro de Israel, reconheciam como a capital israelense. Em vez de agir como inimigo, Sadat atuou como parceiro. Sem essa atitude drástica, fica difícil imaginar que os países assinariam o tratado de paz em 1979.

Envolva a outra parte no processo para que que ela se interesse pelo resultado. É simples: quando o outro lado não participa do processo, é pouco provável que aprove o resultado. Se você realiza uma longa pesquisa e se encontra com o superintendente estadual de seguros pronto para a batalha, é normal que ele se sinta ameaçado e refute suas conclusões. Se você não pergunta a um funcionário se ele quer assumir uma tarefa de responsabilidade, não se surpreenda ao descobrir que ele não gosta da mudança. Se você quer que a outra parte aceite uma conclusão desagradável, é crucial envolvê-la no processo de chegar a essa conclusão.

Isso é exatamente o que as pessoas não costumam fazer. Quando você precisa lidar com uma questão difícil, seu instinto é deixar a pior parte para o final. "Vamos garantir que temos tudo esclarecido antes de falar com o superintendente." Contudo, é muito mais provável que o superintendente concorde em mudar o regulamento se sentir que participou da revisão, que, dessa forma, se torna apenas mais um pequeno passo no longo processo que produzirá a regulamentação, e não uma tentativa de destruir todo o trabalho do superintendente.

Durante quase 50 anos de luta contra o apartheid (regime legal de segregação racial na África do Sul que terminou com as eleições multipartidárias de 1994), em certo ponto os brancos moderados estavam tentando abolir as leis discriminatórias. Mas como? Reunindo uma comissão parlamentar totalmente branca para discutir propostas. Por mais dignas que pudessem ser as propostas, elas seriam insuficientes, não por sua essência, mas porque resultariam de um processo em que não havia a participação de nenhum negro. Os negros entenderiam da seguinte forma: "Nós, brancos superiores, encontraremos uma forma de resolver seus problemas." Seria o "fardo do homem branco" outra vez, a mesma postura que *causou* o apartheid.

Mesmo que os termos de um acordo pareçam favoráveis, o outro lado pode rejeitá-los por suspeitar deles, afinal não participou do processo de redação. O acordo torna-se muito mais fácil se ambas as partes se sentem donas das ideias. Todo o processo de negociação se fortalece à medida que ambos os lados incluem suas condições. Cada crítica, mudança e compromisso é uma marca pessoal que o negociador imprime numa proposta. Dessa forma, a proposta que nasce contém sugestões dos dois lados, e ambos se consideram incluídos.

Para criar a sensação de participação, envolva a outra parte desde o começo. Peça conselhos. Sempre que possível, seja generoso na hora de dar crédito pelas ideias – isso comprometerá o outro lado a defendê-las. Talvez seja difícil resistir à tentação de reivindicar o crédito para si, mas essa tática rende excelentes frutos. Com exceção dos méritos essenciais, o sentimento de participação no processo talvez seja o fator mais importante para determinar se um negociador aceitará uma proposta. De certa forma, o processo é o resultado.

Torne suas propostas coerentes com os valores da outra parte. Muitas vezes a outra parte recusa uma proposta por receio de se mostrar incoerente com seus valores ou sua posição inicial. Ela não quer dar o braço a torcer ou voltar atrás em alguma questão porque acha que o mais importante é manter sua reputação e não parecer manipulável.

A tentativa a todo custo de manter a suposta honra reflete a necessidade do negociador de conciliar a decisão tomada numa negociação ou um acordo com seus princípios e com palavras e atos do passado.

Isso é comum nos processos judiciais. Quando uma juíza expressa sua opinião em uma decisão judicial, está buscando reforçar sua coerência e sua reputação, não só para si e para o sistema judicial, como para as partes envolvidas. Em vez de apenas dizer a uma das partes "Você ganha" e à outra "Você perde", a magistrada explica como sua decisão é coerente com o princípio, a lei e a jurisprudência. Ela não quer parecer arbitrária, mas mostrar que está agindo da maneira adequada. Com um negociador não é diferente.

Durante uma negociação, é comum que as pessoas evitem ceder não porque a proposta seja inaceitável, mas porque querem manter sua dignidade e sua horna e evitar a sensação de estar se curvando ao outro. Se a essência pode ser formulada ou conceituada de forma diferente para que o resultado pareça justo, as partes a aceitarão. Os termos negociados entre uma grande cidade e sua comunidade hispânica sobre o acesso a cargos municipais eram inaceitáveis para o prefeito – até que o acordo foi reescrito e o prefeito pôde anunciar os mesmos termos como uma decisão sua, cumprindo uma promessa de campanha.

A conciliação de um acordo com os princípios e a autoimagem dos negociadores, sempre preocupados em manter sua reputação, é fundamental e não deve ser subestimada.

Emoção

Numa negociação, sobretudo uma disputa acirrada, os sentimentos podem ser mais importantes do que a conversa. As partes podem estar mais dispostas para a batalha do que para trabalhar em conjunto na solução de um problema comum aos dois. Muitas vezes, as pessoas chegam a uma negociação se sentindo ameaçadas e com a sensação de que há muito em jogo. As emoções de um lado vão gerar emoções do outro. O medo pode gerar raiva, e a raiva pode gerar medo. As emoções podem rapidamente conduzir a negociação a um impasse ou ao fim.

Primeiro, reconheça e compreenda as emoções – tanto as suas quanto as alheias. Olhe para si mesmo durante a negociação. Você está nervoso? Está com o estômago embrulhado? Sente raiva da outra parte? Atente para suas emoções e descubra quais são. Pode ser útil escrever o que está sentindo – medo, preocupação, raiva – e, depois, como gostaria de se sentir: confiante, relaxado. Faça o mesmo pensando em seu interlocutor.

Muitas pessoas tratam os negociadores que representam outras organizações como meros porta-vozes sem emoções. É importante lembrar que, assim como você, eles têm sentimentos, medos, esperanças e sonhos. Suas carreiras podem estar em jogo. Talvez não queiram abordar certas questões mas sintam orgulho de outras. E esse tipo de problema não se limita aos negociadores; as partes interessadas também têm emoções. Um importante tomador de decisões pode ter uma visão ainda mais simplista e antagônica da situação.

Pergunte-se o que está produzindo as emoções. Por que você está com raiva? Por que o outro negociador está com raiva? Ele está reagindo a problemas do passado e tentando se vingar? As emoções estão transbordando de uma questão para outra? Os problemas pessoais estão interferindo nos negócios? Na negociação no Oriente Médio, israelenses e palestinos se sentem ameaçados como povos, por isso desenvolveram emoções poderosas que permeiam até as questões práticas mais concretas, como a distribuição de água na Cisjordânia, o que praticamente impossibilita a discussão e a resolução do problema. Como ambos os povos sentem que sua sobrevivência está em jogo, eles enxergam todas as negociações como questão de vida ou morte.

Atente para as "preocupações centrais". Numa negociação, muitas emoções são impelidas por um conjunto básico de cinco interesses: *autonomia*, o desejo de fazer escolhas e controlar seu destino; *apreciação*, o desejo de ser reconhecido e valorizado; *afiliação*, o desejo de participar de um grupo de semelhantes; *papel*, o desejo de ter um propósito; e *status*, o desejo de se sentir visto e reconhecido. Ignorar esses interesses costuma gerar fortes emoções negativas. Prestigiá-los, por outro lado, pode criar uma afinidade e um clima positivo para a negociação e a resolução de problemas.[1]

Considere o papel da identidade. Outro fator que desencadeia uma forte emoção negativa é a percepção de uma ameaça à identidade – à autoimagem ou ao amor-próprio de um negociador. Como seres humanos, tendemos a pensar em termos de "tudo ou nada" e aplicamos esse pensamento à percepção que temos de nós mesmos: "Sou uma boa pessoa", "Sou um bom gestor". Isso nos faz sentir ameaçados por aqueles que apontam nossas falhas e inconsistências. Ninguém é perfeito ou sempre consistente em qualquer assunto, mas, inconscientemente, aceitar esse fato é algo doloroso e desconfortável. Assim, quando confrontados, ficamos assustados ou irritados e começamos a debater internamente se "somos" ou "não somos" competentes, adoráveis, justos ou qualquer outra característica que consideremos importante.

Se você tiver a impressão de que o comportamento da outra parte não está normal ou sentir que entrou em território minado, pense

---

[1] Para mais informações sobre as preocupações centrais e como administrá-las durante a negociação, leia *Além da razão: a força da emoção na solução de conflitos*, de Roger Fisher e Daniel Shapiro (Ed. Imago).

na possibilidade de algo que você disse representar uma ameaça ao outro negociador. Da mesma forma, se você está se sentindo sensível e emotivo, pergunte-se se o seu senso de identidade foi ameaçado.[2]

Explicite as emoções e reconheça-as como legítimas. Converse com as pessoas do outro lado sobre as emoções delas e fale sobre as suas. Não há problema em dizer: "Sabe, eu e meus colegas achamos que fomos maltratados e estamos chateados. Nosso medo é de que, mesmo chegando a um acordo, ele não seja mantido. Racional ou não, essa é a nossa preocupação. Pessoalmente, acho que podemos estar errados, mas é um sentimento que os outros têm. Vocês também se sentem assim?" Ao discutir explicitamente os sentimentos, você não apenas ressalta a seriedade da questão, como também torna as negociações menos reativas e mais "proativas". Sem o peso das emoções reprimidas, os negociadores se tornam mais propensos a trabalhar no problema em si.

Permita que o outro lado desabafe. Muitas vezes, uma boa maneira de lidar com a raiva, a frustração e outros sentimentos negativos é ajudar o outro a liberar esses sentimentos. As pessoas sentem um grande alívio psicológico ao se queixarem das coisas para uma público atento. Se uma mulher chega em casa querendo contar ao marido tudo o que deu errado no escritório, ficará ainda mais frustrada se ele disser: "Nem precisa me contar; tenho certeza de que seu dia foi difícil. Vamos deixar isso para lá." O mesmo vale para negociadores. Quando alguém extravasa, é mais provável que converse racionalmente depois. Além disso, se um negociador faz um discurso irritado e, assim, mostra ao seu cliente que não vai negociar de forma "gentil", é possível que ele ganhe mais liberdade de negociação. Com isso, ele poderá contar com a reputação de um negociador firme para se proteger de críticas mais tarde caso haja um acordo.

---

[2] Para mais informações sobre identidade e outros fatores que podem dificultar a negociação para a solução de problemas, leia *Conversas difíceis*, de Douglas Stone, Bruce Patton e Sheila Heen (Ed. Elsevier).

Portanto, em vez de interromper falas polêmicas ou virar as costas para a outra parte, é mais vantajoso se controlar, permanecer sentado e permitir que ela se queixe para você. Quando os clientes estão ouvindo, essas ocasiões podem liberar sua frustração, bem como a do negociador. Talvez a melhor estratégia a adotar enquanto o outro lado se abre seja ouvir em silêncio, sem reagir aos ataques, e, de vez em quando, pedir ao falante que siga em frente até o fim. Dessa forma, você não põe mais lenha na fogueira, permite que seu interlocutor desabafe e não dá margem a surtos de exasperação no futuro.

Não reaja a acessos de raiva. Extravasar pode ser arriscado se levar a uma reação desmedida, pois, caso não seja controlada, pode resultar numa discussão violenta. Na década de 1950, uma técnica diferente e eficaz para conter o impacto das emoções na negociação foi utilizada pelo Comitê de Relações Humanas, um grupo de gerenciamento de questões trabalhistas criado na indústria siderúrgica para lidar com conflitos emergentes antes de se tornarem problemas graves. Os membros do comitê adotaram a regra de que apenas uma pessoa poderia ficar irritada por vez. Com isso, todos entenderam que, numa discussão, a outra parte não podia responder de forma explosiva a um acesso de raiva. Também tornou mais fácil o desabafo, o que legitimou o extravasamento de emoções: "Está tudo bem. É a vez dele." A regra tem outra vantagem: ajuda as pessoas a controlar suas emoções. Quando alguém quebra a regra, significa que perdeu o autocontrole e, com isso, perde prestígio.

Use gestos simbólicos. Atitudes que produzem um impacto emocional construtivo geralmente têm pouco ou nenhum custo. Gestos como dar condolências, se declarar arrependido de algo, comparecer a um enterro, cumprimentar ou abraçar, fazer uma refeição juntos podem ser oportunidades inestimáveis de melhorar uma situação hostil a um custo baixo. Muitas vezes, um pedido de desculpas pode desarmar o outro, mesmo quando você não reconhece sua responsabilidade ou não admite ter tido a intenção de prejudicar. Pedir desculpa pode ser um dos investimentos mais recompensadores e menos onerosos que você pode fazer.

Comunicação

Sem comunicação não há negociação. A negociação é um processo de comunicação de mão dupla que visa chegar a uma decisão conjunta. Ela nunca é fácil, mesmo entre pessoas que compartilham valores e experiências iguais. Casais que convivem há 30 anos podem se desentender todos os dias. Não é surpreendente, então, que a comunicação possa ser falha entre pessoas que não se conhecem e podem sentir hostilidade e desconfiança uma em relação à outra. Não importa o que diga, você deve esperar que o outro lado quase sempre entenda algo diferente.

Existem três grandes problemas na comunicação. Primeiro, os negociadores podem não estar falando uns com os outros – pelo menos, não de forma inteligível. Com frequência, um lado simplesmente desiste de se comunicar com o outro e para de tentar ter uma conversa séria. Em vez disso, fala apenas para impressionar terceiros ou, quando são representantes, seus próprios clientes. Em vez de tentar conduzir a dança com seu parceiro de negociação em direção a um resultado agradável para ambos, tentam fazê-lo tomar um tombo. Em vez de tentar dialogar com o interlocutor para dar um passo construtivo rumo ao acordo, buscam convencer os espectadores a tomar partido. Quando as partes só querem impressionar os outros presentes, a comunicação efetiva se torna quase impossível.

Mesmo que você esteja se expressando de forma clara e direta, talvez o outro lado não esteja ouvindo. Este é o segundo problema na comunicação. Observe com que frequência as pessoas parecem não prestar atenção no que você diz; é provável que você não consiga repetir o que elas disseram com a mesma frequência. Numa negociação, você pode estar tão ocupado pensando no que vai dizer, como vai responder à pergunta anterior ou como vai organizar seu próximo argumento que se esquece de ouvir o que o outro lado está dizendo. Ou, quando representa um cliente, você pode estar ouvindo mais atentamente a ele do que ao outro lado, afinal, é ao seu cliente que você terá que prestar contas e satisfazer. É natural prestar bastante atenção neles, mas, se você não ouve o que o outro lado diz, não há comunicação.

O terceiro problema de comunicação é o mal-entendido. Mesmo quando os negociadores estão frente a frente na mesma sala, às vezes parece que a comunicação é feita por sinais de fumaça numa ventania. Quando as partes falam idiomas diferentes, a chance de confusão é ainda maior. Por exemplo, em persa, a palavra "comprometimento" não tem o significado positivo que tem em inglês, de "uma solução intermediária com a qual ambos os lados podem conviver". Em vez disso, tem apenas conotação negativa, como na frase: "Nossa integridade foi comprometida." Do mesmo modo, a palavra "mediador" em persa sugere "intrometido", alguém que mete o nariz onde não é chamado. No início de 1980, o então secretário-geral da ONU, Kurt Waldheim, foi ao Irã solicitar a libertação de diplomatas americanos mantidos reféns por estudantes iranianos logo após a revolução no país. Seus esforços foram seriamente prejudicados quando a rádio e a televisão nacionais iranianas transmitiram em persa um comentário que ele teria feito ao chegar à capital, Teerã: "Eu venho como *mediador* para chegarmos a um *comprometimento*." Uma hora depois da transmissão, seu carro estava sendo apedrejado por iranianos furiosos.

O que fazer a respeito desses três problemas de comunicação?

Pratique a escuta ativa e registre o que está sendo dito. A necessidade de ouvir é óbvia, mas é difícil ser um bom ouvinte, sobretudo sob o estresse de uma negociação. A escuta ativa permite que você compreenda as percepções da outra parte, sinta suas emoções e ouça de verdade o que está sendo falado. Se você prestar atenção e interromper de vez em quando para dizer "Veja se eu entendi corretamente: você está dizendo que...?", o outro lado perceberá que não está perdendo tempo ou cumprindo uma rotina – se sentirá satisfeito por ser ouvido e compreendido. Dizem que a concessão menos onerosa que existe é fazer o outro lado saber que foi ouvido.

As técnicas-padrão da boa escuta são: prestar muita atenção no que é dito, pedir à outra parte que especifique com cuidado e clareza exatamente o que quer dizer e solicitar que as ideias sejam repetidas caso haja ambiguidade ou incerteza. Enquanto escuta, não se preocupe com a resposta que dará em seguida, mas procure entender como seu interlocutor se vê. Absorva as percepções, necessidades e limitações dele.

Muitos acham que uma boa tática de negociação é não dar muita atenção aos argumentos de seu interlocutor e não admitir que o ponto de vista dele é legítimo. Um bom negociador, porém, faz exatamente o contrário. Para que seu interlocutor acredite que foi ouvido, você precisa mostrar que está atento ao que ele diz e que o compreende. Quando tenta explicar um ponto de vista oposto ao seu, ele supõe que você não compreendeu o que ele disse e pensa: "Eu expliquei meu pensamento, mas agora ele está dizendo algo diferente, portanto não deve ter entendido." Então, em vez de ouvir seu ponto de vista, começa a pensar em como apresentar os mesmos argumentos de forma diferente, para que dessa vez você entenda. Quando isso acontecer, mostre que entendeu: "Deixe-me ver se compreendi o que você está dizendo. Do seu ponto de vista, a situação parece..."

Quando for reformular as palavras de seu interlocutor, expresse-se de forma que ele considere *positiva*, mostrando a força do argumento apresentado: "Você tem um bom argumento. Deixe-me ver se consigo explicar. Pelo que entendi..." Entender não é concordar. É possível entender perfeitamente o que o outro está dizendo e discordar por completo, mas você só o convencerá de que o compreende se conseguir explicar a ideia apresentada. Depois disso, aponte os problemas que encontrou na proposta. Caso consiga apresentar o argumento de seu interlocutor melhor que ele mesmo e depois refutá-lo, você aumentará consideravelmente a chance de iniciar um diálogo construtivo sobre os méritos da questão e minimizará a chance de ele achar que você não entendeu.

Fale para ser entendido. Converse com seu interlocutor. Às vezes é fácil esquecer que uma negociação não é um debate ou um julgamento. Você não está tentando persuadir uma terceira parte, mas a pessoa sentada à sua frente. Comparando a negociação a um processo jurídico, a situação lembra a de dois juízes tentando chegar a um acordo sobre a sentença de um caso. Tente se colocar nesse papel e trate o outro negociador como um colega juiz com quem está tentando elaborar uma opinião conjunta. Sob esse prisma, fica evidente que você não conseguirá persuadir o outro negociador se culpá-lo pelo problema, insultá-lo ou elevar a voz. Quando, porém, você fala para ser entendido, deixa claro que, apesar de verem a situação sob pontos de vista diferentes, é possível seguir em frente como pessoas que têm um problema em comum.

Para reduzir o efeito dominador e dispersivo da imprensa, da plateia doméstica e de terceiros, uma boa tática é estabelecer meios de comunicação privados e confidenciais com seu interlocutor. Você também pode melhorar a comunicação limitando o tamanho do grupo que participará das reuniões. Nas negociações sobre a cidade de Trieste, em 1954, por exemplo, houve poucos avanços nas negociações entre a Iugoslávia, a Grã-Bretanha e os Estados Unidos, até que os três principais negociadores abandonaram suas grandes delegações e começaram a se encontrar sozinhos, informalmente, numa propriedade particular. Nesse sentido talvez valha a pena mudar o primeiro dos 14 pontos para a paz, do presidente Woodrow Wilson, de "Acordos abertos alcançados abertamente" para "Acordos abertos alcançados em particular". Não importa quantas pessoas estejam envolvidas numa negociação, decisões importantes geralmente são tomadas quando não há mais de duas pessoas na sala.

Fale sobre você, não sobre eles. Em muitas negociações, cada parte explica e condena as motivações e intenções do outro. No entanto, é mais convincente descrever um problema focando no impacto que ele lhe causou do que naquilo que a outra parte fez ou por que o fez. É melhor dizer "Estou decepcionado" que "Você não cumpriu com sua palavra". "Nós nos sentimos discriminados" que "Vocês foram preconceituosos". Se você os acusa de algo que consideram mentira, vão ignorá-lo ou ficar com raiva; não se concentrarão na sua preocupação. Por outro lado, uma declaração sobre como você se sente é difícil de ser contestada. Você transmite a mesma informação sem provocar uma reação defensiva que os impeça de ouvi-la.

Fale com um objetivo. Às vezes, o problema não é a falta, mas o excesso de comunicação. Quando há muita raiva e as partes não conseguem se entender, é melhor não verbalizar determinados pensamentos. Em outras ocasiões, revelar que você é muito flexível pode dificultar em vez de facilitar o acordo. Se você me informa que estaria disposto a vender seu carro por 15 mil dólares após eu ter dito que pagaria até 20 mil, podemos ter mais problemas para chegar a um acordo do que se você tivesse se calado. Moral da história: antes de dizer algo importante, tenha segurança sobre o que deseja comunicar ou descobrir e saiba a que propósito a informação servirá.

É melhor prevenir do que remediar

As técnicas que acabamos de descrever para lidar com problemas de percepção, emoção e comunicação geralmente funcionam bem. No entanto, o melhor momento para lidar com os problemas de nível pessoal é antes de se tornarem problemas. Para isso, é preciso construir uma relação pessoal e organizacional capaz de amortecer as pancadas dadas durante a negociação. Também é preciso estruturar o jogo da negociação de forma a desvincular a relação pessoal do problema em si e evitar que os egos se envolvam nas discussões sobre o que é essencial.

Construa uma boa relação. Conhecer o outro lado pessoalmente de fato ajuda. É muito mais fácil atribuir intenções diabólicas a uma abstração desconhecida que chamamos de "outro lado" do que a alguém que conhecemos pessoalmente. Lidar com um colega de classe, um colega de trabalho, um amigo ou mesmo um amigo de um amigo é muito diferente de lidar com um estranho. Quanto mais rápido você transformar um estranho em conhecido, mais fácil será a negociação. Você sentirá menos dificuldade de entender o que o outro quer, terá uma base de confiança sobre a qual apoiar uma negociação difícil e passará a ter rotinas de comunicação tranquilas e familiares. É mais fácil quebrar a tensão com uma piada ou um comentário informal.

O momento de desenvolver esse relacionamento é antes da negociação. Conheça seu interlocutor, descubra do que ele gosta e do que não gosta. Aprenda maneiras de encontrá-lo informalmente. Chegue mais cedo à reunião para conversar antes do início e demore-se após o término. A técnica favorita de Benjamin Franklin era pedir um livro emprestado a seus adversários. Isso fazia a pessoa se sentir lisonjeada e dava a ela a confortável sensação de que Franklin lhe devia um favor.

Enfrente o problema, não as pessoas. Se os negociadores se enxergam como adversários em um confronto pessoal cara a cara, fica difícil separar o relacionamento do problema essencial. Qualquer coisa que um negociador diga sobre o problema parece ser dirigida pessoalmente ao outro e é recebida dessa forma. Ambos os lados tendem a ficar reativos e na defensiva e a ignorar os interesses legítimos da outra parte.

Uma forma mais eficaz de as partes pensarem em si mesmas é como parceiras numa busca obstinada e conjunta por um acordo justo e vantajoso para ambos.

Como se fossem náufragos perdidos no mar em um bote salva-vidas e brigando pela comida e pelos suprimentos limitados, os negociadores podem começar a ver um ao outro como adversários, como um obstáculo. Para sobreviver em alto-mar, no entanto, os dois precisam separar os problemas essenciais dos problemas de nível pessoal. Devem identificar as necessidades de cada um – sombra, remédios, água ou alimentos. Devem querer ir mais fundo e tratar essas necessidades como um problema em comum, juntamente com outros problemas em comum, como ficar de vigília, coletar água da chuva e levar o bote para a costa. Quando eles passarem a encarar um ao outro como pessoas empenhadas em resolver um problema mútuo, se tornarão mais capazes de conciliar os interesses conflitantes e promover seus interesses em comum. O mesmo acontece com dois negociadores. Por mais complicadas que sejam nossas relações pessoais, você e eu somos mais capazes de chegar a uma reconciliação amigável de nossos vários interesses quando aceitarmos essa tarefa como um problema em comum e o encararmos juntos.

Para ajudar o outro lado a mudar de uma postura "frente a frente" para "lado a lado", você pode abordar o problema explicitamente. "Olhe, nós dois somos advogados (diplomatas, empresários, parentes, etc.). A menos que tentemos satisfazer seus interesses, não vamos chegar a um acordo que satisfaça os meus, e vice-versa. Vamos encarar juntos o problema e buscar uma solução para atender aos nossos interesses em comum." Você também pode começar a tratar a negociação como um processo lado a lado e, por meio de suas ações, instigar seu interlocutor a colaborar.

Uma atitude que ajuda é sentar-se no mesmo lado da mesa que ele, ambos diante do contrato, do mapa, do bloco de papel ou de qualquer outra coisa que represente o problema. Se você estabeleceu uma base de confiança mútua, melhor. No entanto, por mais precário que seja seu relacionamento, tente estruturar a negociação como uma atividade conjunta em que ambos – com seus diferentes interesses e percepções, e com seu envolvimento emocional – enfrentarão juntos uma tarefa em comum.

Não pense que você pode simplesmente separar a pessoa do problema uma vez e dar o assunto por encerrado. É preciso continuar trabalhando nisso. A abordagem básica é lidar com as pessoas como seres humanos e lidar com o problema de acordo com os méritos. Os próximos três capítulos mostram como realizar a última tarefa.

3

Concentre-se nos interesses, não nas posições

Considere a história de Mary Parker Follett sobre dois homens discutindo numa biblioteca. Um quer a janela aberta e o outro prefere fechada. Eles ficam argumentando sobre até onde abri-la: só uma fresta, pela metade, três quartos. Nenhuma solução satisfaz os dois.

A bibliotecária entra e pergunta ao primeiro por que quer a janela aberta: "Para entrar um pouco de ar fresco." Então pergunta ao segundo por que a quer fechada: "Por causa do vento." Após pensar por um minuto, ela abre uma grande janela na sala ao lado, deixando entrar ar fresco sem vento algum.

Para uma solução sensata, concilie interesses, não posições

A história acima é típica de muitas negociações. Como o problema parece ser um conflito de posições e o objetivo é concordar quanto a uma posição, as partes naturalmente tendem a pensar e falar sobre posições – e com isso muitas vezes caem num impasse.

A bibliotecária não poderia ter encontrado essa solução caso tivesse se concentrado apenas nas posições dos dois homens – janela aberta ou fechada. Em vez disso, olhou para os interesses subjacentes: ar fresco e sem vento. Essa diferença entre posições e interesses é crucial.

Os interesses definem o problema. O problema básico de uma negociação não está em posições conflitantes, mas no conflito entre necessidades, desejos, preocupações e medos de cada lado. As partes podem dizer: "Estou tentando fazê-lo parar a construção desse empreendimento imobiliário ao lado da minha casa" ou "Nós discordamos. Ele quer 300 mil dólares pela casa. Eu pago 250 mil, e nem um centavo a mais". Em um nível mais básico, porém, o problema é: "Ele precisa do dinheiro; eu quero paz e silêncio" ou "Ele precisa de pelo menos 300 mil para pagar a hipoteca e investir 20% em sua nova casa. Eu disse à minha família que não pagaria mais de 250 mil por uma casa".

Esses desejos e preocupações são *interesses*. Os interesses motivam as pessoas; são os motores silenciosos por trás do burburinho das posições. Sua posição é algo que você decidiu. Seus interesses são o que o levou à decisão.

O tratado de paz egípcio-israelense da cúpula de Camp David, em 1978, mostra a utilidade de olhar por trás das posições. Israel ocupava a península egípcia do Sinai desde a Guerra dos Seis Dias, em 1967. Quando Egito e Israel se sentaram em 1978 para negociar a paz, suas posições eram incompatíveis. Israel insistia em manter parte do Sinai. O Egito, por outro lado, insistia em que cada centímetro do Sinai fosse devolvido. Diversos mapas foram desenhados para mostrar possíveis fronteiras dividindo o Sinai entre os dois países. O Egito considerava essa decisão totalmente inaceitável. Israel considerava inaceitável voltar para a situação de 1967.

Mas, quando os lados deixaram de olhar para suas posições e passaram e se concentrar nos interesses, foi possível encontrar uma solução. O interesse de Israel era a segurança; eles não queriam tanques egípcios na fronteira, prontos para invadir a qualquer momento. O interesse do Egito era a soberania; o Sinai fazia parte do país desde a época dos faraós. Após séculos de dominação de gregos, romanos, turcos, franceses e britânicos, o Egito havia acabado de recuperar sua plena soberania e não estava disposto a ceder território a outro conquistador estrangeiro.

Em Camp David, o presidente egípcio, Anwar Sadat, e o primeiro-ministro de Israel, Menachem Begin, concordaram com um plano que devolveria o Sinai, contemplando a soberania egípcia, e desmilitarizaria amplas áreas fronteiriças, garantindo a segurança israelense. A bandeira egípcia tremularia, mas os tanques do país se manteriam longe de Israel.

Conciliar interesses, em vez de posições, funciona por duas razões. A primeira é que cada interesse geralmente pode ser satisfeito por várias posições. Muitas vezes, as pessoas simplesmente adotam a mais óbvia, como Israel, ao anunciar que pretendia manter parte do Sinai. Quando você olha para os interesses por trás de posições opostas, muitas vezes encontra uma posição alternativa que atenda não só aos seus interesses, mas aos da outra parte. A desmilitarização era uma dessas alternativas.

Conciliar interesses, e não posições, também é eficaz porque, por trás de posições opostas, há muito mais interesses em comum do que conflitantes.

Por trás de posições opostas há interesses conflitantes, mas também em comum e compatíveis. Costumamos presumir que, como nosso interlocutor tem posições opostas às nossas, seus interesses também devem se opor aos nossos. Se nosso interesse for nos defender, então eles devem querer nos atacar. Se queremos diminuir o aluguel, então eles querem aumentá-lo. Em muitas negociações, porém, uma análise atenta dos interesses subjacentes revelará a existência de muito mais interesses em comum do que opostos.

Veja, por exemplo, os interesses que um possível inquilino compartilha com um proprietário:

1. Ambos querem estabilidade. O proprietário quer um inquilino estável; o inquilino quer um endereço permanente.
2. Ambos querem ver o apartamento bem conservado. O inquilino vai morar nele; o proprietário quer aumentar o valor do apartamento e a reputação do edifício.
3. Ambos querem ter um bom relacionamento um com o outro.

> O proprietário quer um inquilino que pague o aluguel regularmente; o inquilino quer um proprietário compreensivo que fará os reparos necessários.

Eles também podem ter interesses que não são conflitantes, apenas diferentes. Por exemplo:

1. O inquilino pode não querer mexer com tinta, porque é alérgico. O proprietário não quer pagar os custos de repintar todos os outros apartamentos.
2. O proprietário quer ter a segurança de um adiantamento do primeiro mês de aluguel e deseja recebê-lo até amanhã. O inquilino, sabendo que se trata de um bom apartamento, pode achar indiferente pagar amanhã ou depois.

Quando comparados com os interesses em comum ou apenas diferentes, os interesses opostos, de aumentar ou diminuir o valor do aluguel, parecem mais contornáveis. Os interesses em comum provavelmente resultarão em um longo contrato, um acordo para dividir o custo das melhorias e em esforços mútuos para estabelecerem um bom relacionamento. As divergências talvez possam ser desfeitas com o pagamento do adiantamento amanhã e um acordo de o proprietário pintar o apartamento desde que o inquilino compre a tinta. O montante exato do aluguel é o único ponto a ser resolvido, e o mercado imobiliário pode defini-lo sem dificuldade.

Muitas vezes o acordo se torna possível exatamente porque os interesses diferem. Você e um vendedor de calçados podem gostar de dinheiro e sapatos. Ele tem mais interesse no valor que você vai pagar do que no calçado. Para você, é o contrário: você gosta mais dos sapatos do que do valor que vai desembolsar. Então o acordo é fechado. Os interesses em comum e os interesses diferentes, porém complementares, podem ser os blocos de construção de um acordo sensato.

Como identificar interesses?

A vantagem de buscar os interesses subjacentes por trás das posições é clara; como fazer isso já não é tão óbvio. É provável que uma posição seja concreta e explícita; os interesses subjacentes podem ser velados, intangíveis e talvez inconsistentes. Como fazer para entender os interesses envolvidos em uma negociação, tendo em vista que descobrir os interesses de seu interlocutor é pelo menos tão importante quanto descobrir os seus?

Pergunte "Por quê?". Uma técnica básica é se colocar no lugar do outro. Analise cada posição que ele toma e pergunte-se: "Por quê?" Por que, por exemplo, o proprietário do seu apartamento prefere definir o valor do aluguel ano a ano em um contrato de três anos? A resposta, para se proteger do aumento de custos, provavelmente é um dos interesses dele. Você também pode perguntar ao dono por que ele assumiu determinada posição. Nesse caso, deixe claro que não está pedindo uma justificativa, apenas quer entender as necessidades, as esperanças, os medos ou os desejos dele. "Sr. Peters, qual é a sua preocupação principal para não querer que o contrato de aluguel dure mais de três anos?"

Pergunte "Por que não?". Pense na escolha de seu interlocutor. Uma das maneiras mais eficazes de descobrir interesses é, antes de tudo, identificar a decisão básica que as pessoas do outro lado provavelmente pensam que você está pedindo que eles tomem, depois perguntar a si mesmo por que elas não tomaram essa decisão. Que interesses delas estão impedindo isso? Se você está tentando fazê-los mudar de ideia, o ponto de partida é descobrir o que estão pensando.

Considere, por exemplo, as negociações entre Estados Unidos e Irã em 1980 (pouco depois da Revolução Islâmica) sobre a libertação dos 52 diplomatas americanos e funcionários da embaixada feitos reféns em Teerã por estudantes militantes quando o xá deposto do Irã entrou nos Estados Unidos para tratar um câncer. O sequestro provocou indignação internacional, e os Estados Unidos logo impuseram sanções, congelaram contas bancárias iranianas e permitiram que ações judiciais privadas atingissem esse patrimônio. No Irã, porém, os estudantes eram vistos como heróis por alguns, e os conservadores os consideravam politicamente úteis, pois queriam substituir representantes eleitos mais moderados.

Embora houvesse uma série de obstáculos sérios para a resolução da disputa, é possível analisar o problema observando a escolha de um típico líder estudantil iraniano. A exigência dos Estados Unidos era clara: "Libertem os reféns." Durante grande parte de 1980, a escolha de cada líder estudantil deve ter parecido com algo ilustrado pela tabela a seguir.

PRIMAVERA DE 1980

As opções, segundo a visão de um líder estudantil iraniano

A questão: "Devo ceder à exigência e libertar os reféns americanos imediatamente?"

Se eu disser sim	Se eu disser não
– Eu trairei a Revolução.	+ Eu defenderei a Revolução.
– Receberei críticas por ser considerado pró-Estados Unidos.	+ Serei elogiado por defender o Islã.
– Os outros provavelmente não concordarão comigo (e posso perder poder); se eles também concordarem e libertarmos os reféns, então:	+ Provavelmente ficaremos todos do mesmo lado. + Conseguiremos uma cobertura televisiva fantástica para contar ao mundo nossas queixas.
– O Irã parecerá fraco.	+ O Irã parecerá forte.
– Nós nos curvaremos aos Estados Unidos.	+ Enfrentaremos os Estados Unidos.
– Não ganharemos nada (sem xá, sem dinheiro).	+ Teremos chance de conseguir alguma coisa (pelo menos nosso dinheiro de volta).
– Não sabemos o que os Estados Unidos farão.	+ Os reféns nos darão alguma proteção contra a intervenção americana.
– Talvez eu tenha que voltar a estudar.	+ Continuarei ganhando importância no cenário político.

Porém

+ Há uma chance de retirarem as sanções econômicas.
+ Nossas relações com outras nações, sobretudo na Europa, podem melhorar.

Porém

- As sanções econômicas certamente continuarão.
- Nossas relações com outras nações, sobretudo na Europa, vão piorar.
- A inflação e os problemas econômicos continuarão.
- Haverá risco de ação militar americana (mas a morte de um mártir é a mais gloriosa de todas).

Entretanto

+ Os Estados Unidos podem assumir novos compromissos com relação ao nosso dinheiro, à não intervenção, ao fim das sanções, etc.
+ Podemos libertar os reféns depois.

Se a situação típica de um líder estudantil era pelo menos parecida com essa, é compreensível que tenham mantido os reféns por tanto tempo: por mais ilegal e ultrajante que o sequestro tenha sido, após fazerem os reféns, não era irracional que os estudantes *continuassem* mantendo-os presos dia após dia, esperando o melhor momento para libertá-los.

Ao imaginar as opções da outra parte, a primeira pergunta a se fazer é: "Eu quero afetar a decisão de quem?" A segunda pergunta é: "Que decisão as pessoas do outro lado acham que eu estou pedindo que elas tomem?" Se *você* não tem ideia do que acham, talvez *elas* também não tenham. Isso por si só pode explicar por que não estão tomando a decisão que você deseja.

Agora analise as consequências, tal como a outra parte provavelmente as veria, de aceitar ou rejeitar a decisão que você está pedindo. A lista a seguir pode ajudá-lo a compreendê-las:

Impacto sobre meus interesses

- Vou perder ou ganhar apoio político?
- Meus colegas vão me criticar ou elogiar?

Impacto sobre os interesses do grupo

- Quais serão as consequências a curto prazo? E a longo prazo?
- Quais serão as consequências econômicas (políticas, legais, psicológicas, militares, etc.)?
- Qual será o efeito sobre os apoiadores externos e a opinião pública?
- O precedente será bom ou ruim?
- Tomar essa decisão vai nos impedir de fazer algo melhor?
- A decisão é coerente com nossos princípios? É "certa"?
- Posso adotar essa medida depois, se eu quiser?

Em todo esse processo, seria um erro tentar alcançar uma alta precisão. É raro lidar com um tomador de decisão que escreve e pesa os prós e os contras. Você está tentando entender uma escolha muito humana, não fazendo um cálculo matemático.

Perceba que cada lado tem diversos interesses. Em quase todas as negociações, cada lado tem vários interesses, não apenas um. Se você é o inquilino que está negociando um contrato de aluguel, por exemplo, pode querer obter um acordo favorável, rápido e com pouco esforço e manter uma boa relação com o proprietário. Você não tem apenas um forte interesse em *influenciar* o acordo, mas também em *efetivar* o acordo. Você está, ao mesmo tempo, buscando seus interesses individuais e os compartilhados com o proprietário.

Um erro comum no diagnóstico de uma situação de negociação é presumir que todos os indivíduos da outra parte têm os mesmos interesses. Quase nunca é assim. Na década de 1960, durante a Guerra do Vietnã, o presidente Lyndon Johnson costumava chamar todos os membros do governo do Vietnã do Norte, a resistência vietcongue no Sul e seus vários conselheiros soviéticos e chineses de "ele":

"O inimigo tem que entender que *ele* não pode ir contra os Estados Unidos e escapar impune. *Ele* vai ter que entender que a agressão não compensa." Vai ser difícil convencer qualquer "ele" (ou mesmo "eles") a chegar a qualquer acordo se você não considerar os diferentes interesses das várias pessoas e facções envolvidas.

Pensar na negociação como um caso a ser resolvido entre duas pessoas e dois lados pode ser esclarecedor, mas não deve impedi-lo de enxergar a presença de outras pessoas, outros lados e outras influências. Na negociação salarial de um jogador de beisebol, o gerente desportivo de um clube insistia em afirmar que 500 mil dólares era um salário alto demais para um jogador em particular, embora outras equipes pagassem pelo menos isso a outros jogadores igualmente talentosos. Na verdade, o gerente não concordava com essa posição, mas tinha ordens estritas dos donos do time: manter-se firme sem explicar o motivo, pois eles estavam passando por dificuldades financeiras e não queriam que isso viesse a público.

Todo negociador é sensível aos interesses de alguém, que pode ser o empregador, o cliente, os funcionários, os colegas, os familiares ou o cônjuge. Compreender os interesses de um negociador significa entender a variedade de interesses que ele precisa levar em conta.

Os interesses mais poderosos são as necessidades humanas básicas. Ao procurar os interesses básicos por trás de uma posição declarada, busque especificamente preocupações fundamentais que motivam todas as pessoas. Se você pode cuidar dessas necessidades básicas, tem mais chance de chegar a um acordo e de fazer sua contraparte cumpri-lo. Entre as necessidades humanas básicas estão:

- segurança;
- bem-estar econômico;
- sensação de pertencimento;
- reconhecimento;
- controle sobre a própria vida.

Por mais fundamentais que sejam as necessidades humanas básicas, é fácil ignorá-las. Em muitas negociações, costumamos pensar que o único interesse envolvido é o dinheiro. No entanto, mesmo numa negociação monetária, como o valor da pensão alimentícia em um divórcio, pode haver muitos outros fatores envolvidos. O que um cônjuge realmente quer ao pedir pensão? Ele certamente está interessado no próprio bem-estar econômico, mas no que mais? Possivelmente, quer o dinheiro para se sentir psicologicamente seguro. Também deve querer por reconhecimento: para se sentir tratado de forma justa e como um igual. Talvez a outra parte não possa pagar o que é pedido e talvez o valor pedido esteja acima do necessário, mas o cônjuge que está reivindicando só aceitará menos se suas necessidades de segurança e reconhecimento forem atendidas de outras formas.

O que vale para indivíduos também vale para grupos e nações. As negociações tendem a não progredir se um lado acredita que suas necessidades humanas básicas estão sendo ameaçadas pelo outro. Os Estados Unidos queriam estabelecer um preço baixo para o gás natural mexicano. Supondo que se tratava de uma negociação sobre dinheiro, o secretário de Energia norte-americano se recusou a aprovar um aumento de preços negociado com os mexicanos por um consórcio de petróleo americano. Como os mexicanos não tinham outro comprador potencial no momento, o secretário presumiu que eles baixariam o preço. Mas os mexicanos tinham um forte interesse não só em obter um bom preço pelo gás, mas também em serem tratados com respeito e igualdade. A ação dos Estados Unidos pareceu ser mais uma tentativa de oprimir o México e gerou grande ressentimento. Por isso, em vez de vender o gás, o governo mexicano começou a queimá-lo e qualquer chance de acordo por um preço mais baixo tornou-se politicamente inviável.

Nas negociações sobre o futuro da Irlanda do Norte, os líderes protestantes costumavam ignorar a necessidade de pertencimento e reconhecimento dos católicos, que queriam ser aceitos e tratados como iguais. Por sua vez, os líderes católicos pareciam dar pouca importância à necessidade dos protestantes de se sentirem seguros. Tratar os medos dos protestantes como "problema deles", e não como uma preocupação legítima que precisava de atenção, dificultava ainda mais a negociação de uma solução.

Elabore uma lista. Para resolver os diversos interesses de cada parte, é bom anotá-los à medida que surgirem. Isso não apenas ajudará você a se lembrar deles, mas lhe permitirá melhorar sua avaliação conforme adquire novas informações e reposicionar os interesses de acordo com a ordem de importância. Além disso, uma lista pode estimulá-lo a ter ideias de como atender a esses interesses.

Falando sobre interesses

O objetivo da negociação é atender aos seus interesses. A chance de isso acontecer aumenta quando você os comunica. Seu interlocutor pode não saber quais são seus interesses, e talvez você não conheça os dele. Um de vocês, ou ambos, pode estar pensando em problemas passados em vez de focar nas preocupações futuras. Ou talvez nem estejam ouvindo um ao outro. Como discutir interesses de forma construtiva sem ficar preso a posições rígidas?

Se você quer ter seus interesses levados em consideração, explique quais são eles. O representante de um grupo de cidadãos que está reclamando de um projeto de construção no bairro deve dizer que está preocupado como a segurança das crianças e com o sono dos vizinhos. Um autor que quer doar exemplares de seus livros deve discutir o assunto com a editora. O editor tem interesse na divulgação e pode concordar em vender os livros ao autor por um preço baixo.

Faça com que seus interesses ganhem vida. Se você procurar um médico para tratar uma úlcera grave, não poderá esperar muito alívio se disser que está sentindo apenas uma leve dor de estômago. É seu dever fazer o outro lado entender exatamente a importância e a legitimidade de seus interesses.

Nossa sugestão é: *seja específico*. Detalhes concretos não só validam sua descrição, mas aumentam seu impacto. Por exemplo: "Por três vezes na semana passada uma criança quase foi atropelada por um de seus caminhões. Por volta de 8h30 da manhã de terça-feira, aquele enorme caminhão vermelho transportando cascalho a quase 70 por hora precisou desviar para não atropelar Loretta Johnson, uma menina de 7 anos."

Desde que não dê a entender que os interesses de seu interlocutor são banais ou ilegítimos, você deve ser firme ao expressar a seriedade de suas preocupações. Diga "Corrija-me se eu estiver errado" e mostre que está aberto ao diálogo. Se você não for corrigido, significa que sua descrição da situação foi aceita.

Parte da tarefa de convencer o outro lado a atender a seus interesses é estabelecer a legitimidade deles. Evite dar a impressão de que está atacando seu interlocutor e faça-o entender que seu problema é legítimo e exige atenção. Você precisa convencê-lo de que ele se sentiria da mesma forma no seu lugar. "Você tem filhos? Como se sentiria se os caminhões passassem a quase 70 quilômetros por hora na rua onde você mora?"

Reconheça os interesses de seu interlocutor como parte do problema. Cada indivíduo tende a ficar tão preocupado com os próprios interesses que presta pouca atenção nos dos outros.

As pessoas ouvem melhor quando sentem que você as entendeu. Costumam pensar que aqueles que as entendem são inteligentes e empáticos e que pode valer a pena ouvir suas opiniões. Então, se você quer que seu interlocutor considere os *seus* interesses, comece demonstrando que você considera os *dele*.

"Pelo que entendo, seus interesses como construtora são basicamente fazer o trabalho rápido a um custo baixo e preservar sua reputação de empresa que zela pela segurança e pela responsabilidade. Estou certo? Você tem outros interesses importantes?"

Além de demonstrar que você entendeu os interesses dele, essa atitude ajuda a reconhecer que ele faz parte do problema geral que você está tentando resolver. Isso é especialmente fácil de fazer quando os dois têm interesses em comum: "Seria terrível para todos nós se um dos seus caminhões atropelasse uma criança."

Primeiro apresente o problema, depois a solução. Ao falar com um representante da construtora, você pode dizer: "Achamos que vocês devem construir uma cerca em torno da área nas próximas 48 horas e restringir imediatamente a velocidade de seus caminhões nesta rua para, no máximo, 20 quilômetros por hora. Agora, vou explicar por quê..." Dessa forma, pode ter certeza de que o representante não ouvirá os motivos. Ele escutou sua posição e, sem dúvida, está ocupado preparando argumentos para rebatê-la. Provavelmente ficou incomodado com seu tom ou com a sugestão em si. Como resultado, vai ignorar solenemente sua justificativa.

Se você quer que alguém ouça e compreenda seu raciocínio, primeiro apresente seus interesses e sua lógica e só depois as conclusões ou propostas. Antes de tudo, informe a empresa sobre os perigos que ela está criando para crianças pequenas e sobre o barulho que os veículos fazem quando passam de noite, atrapalhando o sono da vizinhança. Ele ouvirá com atenção, mesmo que seja apenas para ver aonde você quer chegar. Quando você finalmente fizer o pedido, ele entenderá o motivo.

Olhe para a frente, não para trás. É surpreendente a frequência com que simplesmente reagimos ao que alguém disse ou fez. É comum ver duas pessoas caindo num padrão de discurso que lembra uma negociação mas, no fundo, não tem esse objetivo. Elas discordam em algum ponto, e a conversa se desenrola como se estivessem buscando um acordo. Na verdade, porém, a discussão está sendo realizada como um ritual ou um passatempo. Cada parte está empenhada em marcar pontos contra a outra ou em reunir provas que confirmem seus pontos de vista – que já existem há muito tempo e não vão mudar. Nenhuma das partes está buscando acordo ou tentando influenciar a outra.

Se você perguntar a duas pessoas por que elas estão discutindo, a resposta normalmente indicará uma causa, não uma finalidade. Presas na argumentação, seja entre marido e mulher, empresa e sindicato ou entre duas companhias, elas ficam mais propensas a reagir a uma atitude do outro lado do que a agir em busca de seus próprios interesses de longo prazo. "Eles não podem me tratar assim. Se acham que vão se safar, estão muito enganados. Vão ver só uma coisa."

A questão "Por quê?" tem dois significados bem diferentes. Um deles olha para trás em busca de uma causa e acredita que nosso comportamento é determinado por acontecimentos prévios. O outro olha para a frente em busca de um propósito e acredita que nosso comportamento é fruto do livre-arbítrio. Não precisamos entrar em um debate filosófico entre livre-arbítrio e determinismo para decidir como agir. Em ambos os casos, fazemos escolhas. Podemos *escolher* olhar para trás ou olhar para a frente.

A chance de ter seus interesses atendidos aumentará se você disser *aonde deseja chegar*, ao invés de *de onde veio*. Em vez de discutir o passado – os custos do último trimestre (que foram muito altos), uma atitude tomada semana passada (sem que o indivíduo tivesse autoridade para isso) ou o desempenho de ontem (abaixo do esperado) –, fale sobre o que você deseja para o futuro. Em vez de pedir que justifiquem o que fizeram ontem, pergunte: "Quem deve fazer o que amanhã?"

Seja direto, mas flexível. Numa negociação, você quer saber para onde está indo, mas também se manter aberto a novas ideias. Para não ter que tomar uma decisão difícil, as pessoas frequentemente entram na negociação sem um plano – apenas se sentam frente a frente com o interlocutor e veem o que eles oferecem ou pedem.

De que forma é possível passar da identificação de interesses para o desenvolvimento de opções específicas, mas se mantendo flexível em relação a elas? Para transformar seus interesses em opções concretas, pergunte a si mesmo: "Se amanhã eles decidirem fechar um acordo comigo, com o que quero que concordem?" Para manter a flexibilidade, trate cada opção como simples exemplos. Pense em mais de uma opção que atenda a seus interesses. O conceito-chave é "especificidade ilustrativa".

Grande parte do que os negociadores de posições esperam conseguir com sua posição inicial pode ser igualmente conquistado com uma sugestão ilustrativa que atenda generosamente a seu interesse. Por exemplo, numa negociação de contrato esportivo, um agente pode dizer que "o salário de 5 milhões anuais seria o tipo de valor que satisfaria o atleta que agencio. Algo na ordem de um contrato de cinco anos deve atender à sua necessidade de estabilidade".

Após refletir sobre seus interesses, você deve ir para a reunião não só com uma ou mais opções específicas que o atenda, mas também com a mente aberta. No entanto, lembre-se: mente aberta não é mente vazia.

Seja firme com o problema e gentil com as pessoas. Você pode ser tão firme ao falar de seus interesses quanto qualquer negociador ao falar de sua posição. Na verdade, ao falar de seus interesses em geral é aconselhável ser firme. Apegar-se à sua posição não é uma tática inteligente, mas apegar-se a seus interesses é. Esse é o momento da negociação em que se deve investir sua energia agressiva. Preocupado com os próprios interesses, o outro lado possivelmente terá expectativas bastante otimistas quanto à variedade de acordos possíveis. Muitas vezes, as soluções mais sensatas, as que produzem ganhos máximos para nós a custo mínimo para o outro lado, surgem quando defendemos nossos interesses com segurança. Dois negociadores firmes em seus interesses muitas vezes estimularão a criatividade um do outro para pensar em soluções mutuamente vantajosas.

Preocupada com a inflação, a construtora valoriza seu interesse de manter os custos baixos e terminar a obra a tempo. Talvez você tenha que pressioná-los. Um pouco de emoção genuína pode ajudar a restaurar um equilíbrio melhor entre os lucros e a vida das crianças. Não permita que seu desejo de conciliar as partes o impeça de ser justo quanto a seu problema. "Claro que você não está dizendo que a vida do meu filho vale menos que o preço de uma cerca, certo? Você não diria isso a respeito do seu filho. Não creio que você seja uma pessoa insensível. Vamos descobrir como resolver esse problema."

Caso seu interlocutor se sinta pessoalmente ameaçado pela sua forma de atacar o problema, pode adotar uma postura defensiva e parar de ouvir o que você tem a dizer. Por isso é importante separar as pessoas do problema. Ataque o problema sem culpar as pessoas. Vá ainda mais longe e o apoie: ouça com respeito, demonstre cortesia, diga que reconhece que ele tem se dedicado e se esforçado, enfatize sua preocupação em atender às necessidades básicas dele e assim por diante. Mostre que está atacando o problema, não a ele.

Uma regra de ouro é apoiar seu interlocutor com a mesma força e o mesmo vigor com que enfatiza o problema. A princípio, a combinação de suporte e ataque pode parecer inconsistente, e psicologicamente é, mas é essa inconsistência que a faz funcionar. Segundo a teoria da dissonância cognitiva, uma conhecida teoria da psicologia, as pessoas não gostam de inconsistência e fazem de tudo para eliminá-la. Ao atacar um problema – como os caminhões que passam rápido demais numa rua do bairro – e ao mesmo tempo apoiar o representante da empresa, você cria uma dissonância cognitiva. Para superá-la, ele será tentado a se separar do problema e se juntar a você para fazer algo a respeito.

Lutar com firmeza contra os problemas essenciais aumenta a pressão para uma solução eficaz; dar apoio a seu interlocutor tende a melhorar o relacionamento e aumentar a probabilidade de acordo. A combinação de apoio e ataque funciona; qualquer uma das duas sozinha tem grande chance de não ser suficiente.

Negociar com firmeza em prol de seus interesses não significa se fechar para o ponto de vista do outro. Pelo contrário: você não pode esperar que seu interlocutor ouça seus interesses e discuta suas sugestões se não levar em conta os interesses dele e não se mostrar aberto às sugestões que ele der. A negociação bem-sucedida exige firmeza *e* abertura.

4

Crie opções com possibilidade de ganhos mútuos

O acordo entre Israel e Egito sobre a península do Sinai ilustra tanto um grande problema quanto uma oportunidade-chave de negociação.

Trata-se de um problema muito comum. Parece que não há como dividir o bolo de maneira que satisfaça ambas as partes. Muitas vezes, você está negociando numa única dimensão, como a extensão de um território, o preço de um carro, a duração do contrato do aluguel de um apartamento ou a porcentagem da comissão em uma venda. Em outras, enfrenta o que parece ser uma situação de escolha excludente que é nitidamente favorável a você *ou* ao outro lado. Em um acordo de divórcio, quem fica com a casa? Quem fica com a guarda dos filhos? Talvez você considere que são uma escolha entre ganhar e perder – e nenhum dos lados quer perder. Mesmo que você ganhe e consiga o carro pelo preço que deseja pagar, o aluguel pelo tempo que deseja permanecer ou a posse da casa e a guarda das crianças, fica a deprimente sensação de que o outro não o deixará em paz. Qualquer que seja a situação, as escolhas parecem limitadas.

O exemplo da península do Sinai também deixa clara a oportunidade. Uma opção criativa, como a desmilitarização do Sinai, pode fazer a diferença entre o impasse e o acordo. Um advogado que conhecemos atribui seu sucesso à capacidade de criar soluções vantajosas tanto para seus clientes quanto para o outro lado. Ele faz o bolo crescer antes de dividi-lo. A habilidade de criar opções é um dos ativos mais úteis que um negociador pode ter.

No entanto, com muita frequência os negociadores acabam como crianças brigando por uma laranja. Quando finalmente concordam em dividi-la ao meio, a primeira pega sua metade, chupa a polpa e joga fora a casca, enquanto a outra joga fora a polpa e brinca com a casca. Com frequência, negociadores "deixam dinheiro na mesa" – não conseguem chegar a um acordo que era altamente possível, ou o acordo a que chegam poderia ser melhor para ambos os lados. Muitas negociações terminam com meia laranja para cada lado, em vez de toda a polpa para um e a casca inteira para o outro. Por quê?

DIAGNÓSTICO

Por mais valioso que seja contar com muitas opções, as pessoas envolvidas numa negociação raramente sentem necessidade delas. Numa disputa, costumam acreditar que sabem a resposta certa – a opinião delas deve prevalecer. Numa negociação de contrato, tendem a acreditar que sua oferta é razoável e deve ser escolhida, talvez com um ajuste no preço. Todas as respostas disponíveis parecem estar em uma linha reta entre a posição do outro e a sua. Muitas vezes, o único pensamento criativo é sugerir a divisão da diferença.

Na maioria das negociações, existem quatro obstáculos principais que inibem a criação de opções: (1) o prejulgamento; (2) a busca por uma resposta única; (3) a pressuposição de que o bolo tem um tamanho fixo; e (4) a crença de que "resolver o problema do outro é problema do outro". Para superar essas limitações, é preciso entendê-las.

Prejulgamento

Criar opções não é algo que acontece de forma natural. *Não* criá-las é o estado normal das coisas, mesmo quando você não está participando de uma negociação estressante. Se lhe pedissem para indicar a pessoa que mais merece o Prêmio Nobel da Paz, qualquer resposta sua seria imediatamente vista por você mesmo com reservas e dúvidas. Como pode ter certeza de que essa pessoa é a que *mais* merece? Você também pode ter um branco ou começar a dar respostas que refletem o lugar-comum: "Bem, talvez o papa ou o presidente."

Nada é tão prejudicial à criação quanto o senso crítico esperando para atacar os pontos negativos de qualquer nova ideia. O julgamento prejudica a imaginação.

Sob a pressão de uma negociação iminente, seu senso crítico provavelmente ficará mais aguçado. A negociação prática parece exigir raciocínio prático, não ideias malucas.

Sua criatividade pode ser ainda mais sufocada pela presença do outro lado. Suponha que você esteja negociando com seu chefe sobre seu salário. Você pediu um aumento de 4 mil dólares; seu chefe lhe ofereceu 1,5 mil, valor que você havia indicado estar abaixo do desejado. Numa situação tensa como essa, é pouco provável que você comece a inventar soluções criativas. Talvez você tenha medo de parecer tolo ao sugerir alguma ideia espontânea, como conseguir metade do valor de aumento e a outra metade em benefícios. Seu chefe pode dizer: "Não seja ridículo. Você sabe que não funciona assim. Isso vai contra a política da empresa. Estou surpreso que tenha sequer sugerido isso." Porém, se no calor do momento você sugerir distribuir o aumento ao longo do tempo, seu chefe pode aceitar a oferta: "Estou disposto a negociar nessas bases." Como tudo o que você disser pode ser interpretado como um compromisso, você pensará duas vezes antes de dizer qualquer coisa.

Ao criar opções, você também pode ter medo de acabar entregando alguma informação que prejudique a negociação. Se você sugerir, por exemplo, que a empresa ajude a financiar a casa que você está prestes a comprar, seu chefe poderá concluir que você pretende ficar e que aceitará qualquer aumento oferecido.

A busca pela resposta única

Para as pessoas, criar simplesmente não faz parte do processo de negociação. Elas entendem que seu trabalho é diminuir a distância entre posições, e não ampliar as opções disponíveis. Costumam pensar: "Já está muito difícil chegar a um acordo. A última coisa de que precisamos é de um monte de ideias." Como o produto final da negociação é uma decisão única, elas temem que a livre discussão de ideias só atrase e confunda o processo.

Se o primeiro impedimento ao pensamento criativo é o prejulgamento, o segundo é a conclusão prematura. Se desde o início você está atrás da única resposta correta, é provável que acabe impedindo um processo de tomada de decisão mais sensato, no qual você seleciona uma de várias respostas possíveis.

A pressuposição de que o bolo tem um tamanho fixo

Uma terceira explicação para a falta de boas opções é o fato de que ambos os lados acreditam que não há meio-termo – ou eu ganho o que está em disputa ou você ganha. Uma negociação geralmente parece ser um jogo de "valor fixo"; 100 dólares a mais para você no preço de um carro significam 100 dólares a menos para mim. Por que me preocupar em criar opções se todas são óbvias e se só posso satisfazer você se me prejudicar?

Pensar que "resolver o problema do outro é problema do outro"

Um último obstáculo à criação de opções realistas é o fato de que os lados só se preocupam com os próprios interesses imediatos. Para chegar a um acordo que atenda a seus interesses, você precisará desenvolver uma solução que também atenda aos do outro. No entanto, o envolvimento emocional com a questão dificulta o distanciamento necessário para isso: "Já temos problemas suficientes; eles que cuidem dos próprios problemas."

Também é comum haver uma relutância psicológica em atribuir legitimidade às visões do outro lado; parece desleal pensar em formas de satisfazê-los. A preocupação apenas consigo mesmo, porém, gera uma visão limitada que faz o negociador desenvolver soluções unilaterais e posições e argumentos que atendam só a seus interesses.

RECOMENDAÇÃO

Para inventar opções criativas, você precisará (1) separar o ato de criar opções do ato de julgá-las; (2) ampliar o leque de opções, em vez de procurar uma resposta única; (3) buscar acordos vantajosos para ambas as partes; e (4) inventar formas de facilitar as decisões de seu interlocutor. Cada uma dessas etapas será discutida a seguir.

Separar a criação de opções da decisão

Tendo em vista que o julgamento obstrui a imaginação, separe o ato criativo do ato crítico; dissocie o processo de pensar em possíveis soluções do processo de escolher entre elas. Invente primeiro, decida depois.

Como negociador, você inevitavelmente precisará criar muitas coisas por conta própria. Não é fácil. Por definição, inventar ideias requer pensar em coisas que ainda não estão na sua mente. Portanto, veja a possibilidade de organizar uma sessão de criação ou de brainstorming com colegas ou amigos. Isso pode ajudá-lo a separar a invenção da decisão.

A sessão de brainstorming tem o objetivo de produzir o máximo de ideias possível para resolver determinado problema. Sua regra fundamental é deixar de lado todas as críticas e avaliações das ideias. O grupo simplesmente cria ideias sem considerar se são boas ou ruins, realistas ou irrealistas. Sem essas inibições, uma ideia estimula a outra, como num efeito dominó.

Numa sessão de brainstorming, as pessoas não precisam ter medo de parecer bobas, pois ideias extravagantes são explicitamente encorajadas. E, como nesse caso não há um interlocutor real do outro lado, você não precisa temer que esteja divulgando informações confidenciais ou que uma ideia mal formulada seja encarada como um compromisso.

Não existe um jeito certo de fazer uma sessão de brainstorming. Você deve adaptá-la a suas necessidades e seus recursos. Com isso em mente, considere as seguintes diretrizes:

Antes do brainstorming:

1. *Defina o objetivo.* Pense no que deseja ter alcançado ao fim da sessão.
2. *Escolha alguns participantes.* O grupo deve ser grande o bastante para proporcionar um intercâmbio estimulante, mas pequeno o suficiente para encorajar tanto a participação individual quanto a inventividade espontânea. Entre cinco e oito pessoas é o número ideal.
3. *Mude o ambiente.* Selecione um horário e um local que sejam o mais diferente possível das reuniões normais. Dessa forma, os participantes terão mais facilidade de evitar fazer julgamentos.
4. *Crie um clima informal.* O que é preciso para você e seus colegas relaxarem? Pode ser uma conversa tomando uma bebida, um encontro numa pousada em algum lugar diferente ou uma reunião

em um ambiente que permita que os participantes se vistam com menos formalidade e se chamem pelo primeiro nome.

5. *Escolha um mediador.* Alguém precisa mediar a reunião – mantê-la no caminho certo, garantir que todos tenham chance de falar, impor regras básicas e estimular a discussão fazendo perguntas.

Durante o brainstorming:

1. *Acomode os participantes lado a lado, de frente para o problema.* O físico reforça o psicológico. Quando os participantes se sentam lado a lado, reforça-se a atitude mental de enfrentar um problema comum em conjunto. Quando se sentam frente a frente, as pessoas tendem a dar respostas pessoais e a dialogar ou argumentar; lado a lado, porém, em um semicírculo de cadeiras virado para um cavalete ou um quadro branco, tendem a se concentrar no problema descrito ali.
2. *Estabeleça as regras básicas, inclusive a regra de não criticar.* Se os participantes não se conhecem, a reunião começa com uma rodada de apresentações, seguida de definição das regras básicas. Proíba qualquer tipo de crítica negativa.

   A criação em conjunto produz novas ideias porque, individualmente, cada um de nós só cria dentro dos limites das nossas pressuposições profissionais. Se cada ideia que não agrada a todos for derrubada, o objetivo implícito passará a ser uma ideia que ninguém negará. Se, por outro lado, os participantes são encorajados a ter ideias pitorescas, mesmo que de fato estejam fora das possibilidades, o grupo pode criar, a partir delas, outras opções possíveis e que ninguém teria considerado antes.

   Outras regras básicas que você pode adotar são: manter a sessão sob sigilo e evitar que ideias sejam atribuídas a qualquer dos participantes.
3. *Explosão de ideias.* Quando o propósito da reunião estiver claro, deixe a imaginação correr solta. Tente criar uma longa lista de ideias, abordando a questão de todos os ângulos concebíveis.

4. *Registre as ideias à vista de todos.* Anotar as ideias em um quadro branco ou em flipcharts dá ao grupo uma sensação de realização coletiva, reforça a regra de não criticar, reduz a tendência a repetições e ajuda a estimular outras ideias.

Após o brainstorming:

1. *Selecione as ideias mais promissoras.* Relaxe a regra de não criticar e comece a filtrar as ideias mais promissoras. Esse ainda não é o estágio de decisão; você está apenas selecionando as ideias que merecem ser desenvolvidas. Marque as que os participantes considerarem as melhores.
2. *Desenvolva aperfeiçoamentos para as ideias promissoras.* Crie formas de torná-las melhores e mais realistas e busque meios de implementá-las. Nessa fase, a tarefa é tornar a ideia o mais atraente possível. Inicie a crítica construtiva com: "O que eu mais gosto desta ideia é... Poderia ser ainda melhor se...?"
3. *Defina um prazo para avaliar as ideias e tomar decisões.* Antes de terminar, elabore uma lista seleta e aprimorada das ideias e estipule um prazo para decidir quais usar nas negociações – e como usá-las.

Considere a possibilidade de fazer um brainstorming com a outra parte. Embora seja mais difícil do que fazer brainstorming com os colegas de trabalho, fazer brainstorming com pessoas da outra parte também pode ser extremamente valioso. É mais complicado porque aumenta o risco de dizer algo que vá contra seus próprios interesses, mesmo levando em conta as regras preestabelecidas. Sem querer, você pode dar informações confidenciais ou levar seu interlocutor a confundir uma simples opção que criou com uma oferta. No entanto, as sessões conjuntas de brainstorming têm grandes vantagens: produzem ideias que levam em conta os interesses de todos os envolvidos, criam um clima que estimula a solução de problemas em conjunto e mostram a ambos os lados as preocupações do outro.

Para se proteger ao fazer um brainstorming com a outra parte, diferencie explicitamente brainstorming de uma negociação na qual os participantes apresentam visões oficiais. As pessoas estão tão acostumadas a fazer reuniões para chegar a um acordo que qualquer outro propósito precisa ser explicitado.

Para reduzir o risco de parecer comprometido com qualquer ideia que surgir, você pode criar o hábito de citar pelo menos duas alternativas em sequência. Também pode apresentar opções das quais obviamente discorda. "Eu poderia lhe dar a casa de graça ou você poderia me pagar 1 milhão em dinheiro por ela ou..." Como você claramente não está propondo nenhuma dessas ideias, as que se seguem são rotuladas como meras possibilidades, não como propostas.

Para ter uma ideia de como funciona uma sessão conjunta de brainstorming, vamos supor que os líderes de um sindicato estejam se reunindo com a diretoria de uma empresa mineradora de carvão para debater formas de reduzir o número de greves ilegais de um ou dois dias. Dez pessoas – cinco de cada lado – estão sentadas ao redor de uma mesa de frente para uma lousa. Um mediador neutro solicita ideias aos participantes e as escreve no quadro.

Mediador: Vamos ver as ideias de vocês para lidar com o problema das greves. Podemos tentar escrever 10 ideias no quadro em cinco minutos. Vamos começar. Tom?

Tom (Sindicato): Os supervisores devem poder resolver as queixas de um membro do sindicato imediatamente.

Mediador: Anotado. Jim, você levantou a mão? Fale.

Jim (Diretoria): Os membros do sindicato devem falar com o supervisor dele sobre um problema antes de tomarem qualquer medida que...

Tom (Sindicato): Eles falam, mas os supervisores não escutam.

Mediador: Tom, por favor, sem críticas ainda. Concordamos em deixar isso para mais tarde, ok? E você, Jerry? Parece que você tem uma ideia.

Jerry (Sindicato): Quando surgir o assunto greve, os membros do sindicato devem receber permissão para se reunir no vestiário imediatamente.

Roger (Diretoria): A diretoria pode permitir o uso do vestiário para reuniões sindicais e garantir a privacidade dos funcionários fechando as portas e mantendo os supervisores de fora.

Carol (Diretoria): Que tal adotar a regra de que não haverá greves sem que os líderes sindicais e a diretoria tenham a chance de resolver a questão imediatamente?

Jerry (Sindicato): Que tal acelerar o processamento de reclamações e fazer uma reunião dentro de 24 horas se o supervisor e o membro do sindicato não se entenderem sozinhos?

Karen (Sindicato): Concordo. E que tal organizar um treinamento conjunto para membros do sindicato e supervisores sobre como resolver os problemas juntos?

Phil (Sindicato): Se uma pessoa faz um bom trabalho, precisa receber esse feedback.

John (Diretoria): Que tal estabelecer relações amistosas entre sindicalistas e gestores?

Mediador: Isso parece promissor, John, mas você pode ser mais específico?

John (Diretoria): Bem, que tal organizar um time de futebol com pessoas do sindicato e da diretoria?

Tom (Sindicato): E um de boliche também.

Roger (Diretoria): Que tal um piquenique anual para as famílias?

E assim continua a sessão, com os participantes dando várias ideias. Muitas delas jamais surgiriam fora de um brainstorming e algumas podem de fato reduzir o número de greves. O tempo gasto fazendo o brainstorming conjunto sem dúvida é um dos mais bem gastos na negociação.

Mas, quer você faça o brainstorming conjunto ou não, separar o ato de criar opções do ato de decidir é extremamente útil em qualquer negociação. Discutir opções é totalmente diferente de tomar posições; se uma posição unilateral pode conflitar com a da outra parte, as opções levam a outras opções. A própria linguagem usada é diferente. Consiste em perguntas, não em afirmações; é aberta, não fechada: “Uma das opções é... Em que outras opções você pensou?”

"E se nós concordarmos com isso?" "Que tal fazer dessa forma?" "Como funcionaria?" "O que pode dar errado com isso?" Crie opções antes de decidir.

Amplie seu leque de opções

Mesmo com as melhores intenções, os participantes de uma sessão de brainstorming provavelmente agirão com base na suposição de que estão em busca da *melhor* resposta única, tentando encontrar a agulha no palheiro.

Nesse estágio da negociação, porém, você não deve procurar o caminho certo, apenas criar espaço para a negociação, e isso só é possível com um número considerável de ideias bem diferentes – ideias que você e seu interlocutor podem desenvolver depois, na negociação, e selecionar juntos.

Um produtor de vinhos que fabrica um bom produto escolhe suas uvas dentre algumas variedades. Um time de futebol à procura de jogadores promissores tem uma equipe de olheiros que atua em cidades, estados e até países diferentes. O mesmo princípio se aplica à negociação. A chave para a tomada de decisões inteligentes, seja na produção de vinhos, no esporte ou na negociação, é selecionar o que há de melhor a partir de um grande número e variedade de opções.

Se alguém lhe perguntasse quem deveria receber o Prêmio Nobel da Paz este ano, você poderia responder "Bem, vamos pensar sobre isso" e gerar uma lista de cerca de 100 pessoas em áreas como diplomacia, negócios, jornalismo, religião, direito, agricultura, política, meio acadêmico, medicina e outras, certificando-se de incluir nomes pouco comuns. É bem provável que acabe tomando uma decisão muito mais acertada assim do que se tentar escolher um nome de primeira.

Uma sessão de brainstorming libera o pensamento criativo. Quando as pessoas se sentem livres, precisam de meios para refletir sobre seus problemas e gerar soluções construtivas.

Multiplique as opções alternando entre o particular e o geral: o Diagrama Circular. A tarefa de criar opções envolve quatro tipos de pensamento. O primeiro é o pensamento sobre um problema específico – a situação real de que você não gosta, como um rio poluído e malcheiroso que corre pela sua propriedade, por exemplo. O segundo tipo de pensamento é a análise descritiva – você diagnostica uma situação existente em termos gerais. Classifica os problemas em categorias e estima as causas. A água do rio pode ter pouco oxigênio ou alto teor de produtos químicos. Você pode suspeitar que uma indústria está despejando produtos na água.

O terceiro tipo de pensamento, novamente em termos gerais, é considerar o que pode ser feito. De acordo com seus diagnósticos, você busca os remédios sugeridos pela teoria – por exemplo, diminuir o lançamento de substâncias químicas, reduzir os desvios de água do rio ou transpor água limpa de outro rio para este. O quarto e último tipo de pensamento é produzir sugestões específicas e viáveis que possam ser postas em ação. Quem pode fazer o que amanhã para pôr em prática uma dessas abordagens gerais? Por exemplo, o órgão estadual de regulação ambiental pode ordenar que uma indústria limite o despejo de produtos químicos no rio.

O Diagrama Circular a seguir ilustra esses quatro tipos de pensamento e os apresenta como passos a serem dados em sequência. Se tudo correr bem, a ação criada dessa forma resolverá seu problema original.

O Diagrama Circular é um meio fácil de se valer de uma boa ideia para gerar outras. Se você (ou o grupo que está fazendo brainstorming) tem uma ideia útil, pode fazer uma engenharia reversa para descobrir a abordagem geral da qual essa ideia é apenas uma aplicação. Então, pode imaginar outras ações que apliquem a mesma abordagem geral ao mundo real.

Você também pode retroceder ainda mais e perguntar: "Se essa abordagem teórica parece útil, qual é o diagnóstico por trás dela?" Após chegar a um diagnóstico, pode gerar outras abordagens para lidar com um problema e, depois, procurar ações que ponham em prática essas novas abordagens. Dessa forma, uma boa opção apresentada abre as portas para a exploração da teoria que a torna eficaz e possibilita que a teoria seja usada para criar mais opções.

DIAGRAMA CIRCULAR

Os quatro passos básicos para a criação de opções

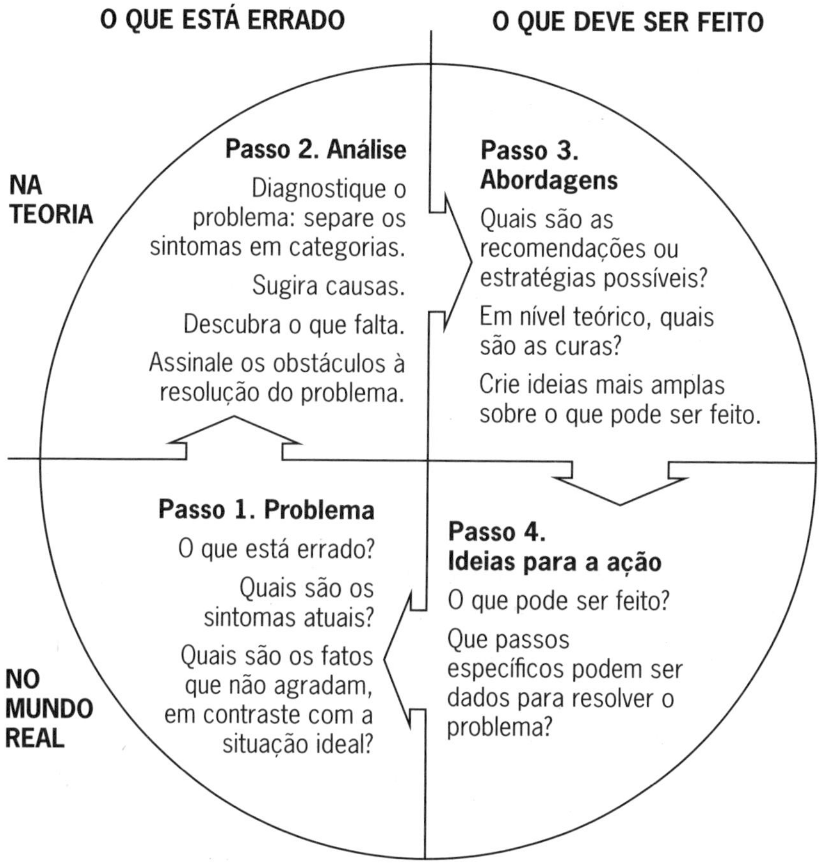

Um exemplo pode ilustrar o processo. Na tentativa de lidar com o conflito na Irlanda do Norte, uma ideia gerada na década de 1980 foi fazer com que professores católicos e protestantes criassem em conjunto um livro de exercícios sobre a história da Irlanda do Norte para ser usado no ensino fundamental de ambos os sistemas escolares. O livro, que chegou a ser criado e utilizado na década de 1990, conta a história da Irlanda do Norte sob diferentes pontos de vista e propõe exercícios de alteridade e dramatizações. Mais ideias úteis foram geradas a partir dessa sugestão de ação específica e ao se perguntar que abordagens teóricas estavam por trás dela. Isso resultou em proposições gerais como:

"Deve haver algum conteúdo educacional comum aos dois sistemas escolares."

"Católicos e protestantes devem trabalhar juntos em pequenos projetos."

"É preciso promover o entendimento entre as crianças pequenas antes que seja tarde demais."

"A história deve ser ensinada de forma a explicar os pontos de vista parciais."

A partir dessas teorias, foram criadas outras sugestões de ação, entre as quais um projeto de filme produzido em conjunto por católicos e protestantes apresentando a história da Irlanda do Norte sob diferentes pontos de vista, um programa de intercâmbio de professores e a implementação de algumas aulas comuns aos dois sistemas para crianças do ensino fundamental.

Veja pelos olhos de diferentes especialistas. Outra maneira de criar diversas opções é examinar o problema sob o ponto de vista de diferentes profissões e disciplinas.

Ao pensar em possíveis soluções para uma disputa pela guarda de uma criança, por exemplo, encare o problema do ponto de vista de um educador, um investidor, um psiquiatra, um advogado de causas cíveis, um ministro, um nutricionista, um médico, uma feminista, um técnico de futebol ou alguém com alguma outra visão especial. Se está negociando um contrato, crie opções que possam ocorrer a um banqueiro, um inventor, um líder trabalhista, um especulador imobiliário, um corretor de ações, um economista, um especialista em impostos ou um socialista.

Você também pode combinar o uso do Diagrama Circular com a análise de problemas pelos olhos de diferentes especialistas. Reflita sobre como cada um deles poderia diagnosticar a situação, que tipos de abordagens sugeriria e quais sugestões práticas nasceriam dessas abordagens.

Crie acordos de diferentes pesos. Você pode multiplicar o número de acordos possíveis pensando em versões "mais leves" para o caso de o acordo desejado ser inatingível. Se não chegarem a um acordo sobre a essência, talvez você e seu interlocutor possam concordar com o procedimento a ser adotado. Se uma fábrica de calçados e um atacadista não conseguem entrar em acordo sobre quem deve pagar por uma remessa de calçados danificados, talvez possam concordar em enviar a questão a um juiz. Da mesma forma, quando não é possível alcançar um acordo permanente, talvez dê para firmar um acordo provisório. Se você e a outra parte não chegarem a um acordo de primeira linha, em geral alcançarão um acordo de segunda linha – ou seja, saberão onde discordam e conhecerão as questões em disputa, algo que nem sempre fica evidente. Os pares de adjetivos abaixo sugerem possíveis acordos de diferentes "pesos":

MAIS FORTE	MAIS FRACO
Sobre a essência	Sobre o procedimento
Permanente	Provisório
Abrangente	Parcial
Definitivo	Em princípio
Incondicional	Contingente
Obrigatório	Não obrigatório
De primeira linha	De segunda linha

Mude o escopo do acordo proposto. Considere a possibilidade de variar não apenas o peso do acordo, mas também seu escopo.

Você pode, por exemplo, "dividir" o problema em partes menores e mais fáceis de gerenciar. Para o revisor de sua monografia de fim de curso, você pode sugerir: "Que tal editar o primeiro capítulo pelo valor acordado e depois a gente ver como ficam as coisas?" Os acordos podem ser parciais, envolver menos pessoas, cobrir apenas assuntos específicos, se aplicar somente a determinada área geográfica ou vigorar por tempo limitado.

Também é interessante descobrir como ampliar o escopo de um acordo para torná-lo mais atraente. A disputa entre a Índia e o Paquistão pelas águas do rio Indo diminuiu quando o Banco Mundial entrou nas discussões; as partes foram desafiadas a criar projetos de irrigação, barragens e outras obras de engenharia para o benefício de ambas as nações, todas financiadas pelo próprio banco.

Busque ganhos mútuos

O terceiro grande entrave para a solução criativa de problemas é a suposição de que o tamanho do bolo é fixo: quanto menos para você, mais para mim. Raramente ou nunca isso é verdade. Em primeiro lugar, ambos os lados sempre podem ficar em situação pior do que estão agora. O xadrez parece um jogo de soma zero; se um perde, o outro ganha – até que um cachorro passa correndo, derruba a mesa, espalha cerveja e deixa os jogadores numa situação pior que antes.

Além do interesse comum em evitar perdas mútuas, quase sempre existe a possibilidade de ganhos mútuos. Isso é comum quando desenvolvemos um relacionamento mutuamente vantajoso ou satisfazemos os interesses de ambos os lados com uma solução criativa.

Identifique interesses em comum. Em tese, é claro que quando compartilhamos interesses fica mais fácil chegar a um acordo. Por definição, criar uma ideia que atenda a interesses em comum é vantajoso para você e para a outra parte. Na prática, porém, nada é tão nítido. No meio de uma negociação sobre o preço de algo, os interesses em comum podem não parecer óbvios ou relevantes. De que modo, então, a busca por interesses em comum pode ajudar?

Vamos supor que você seja o diretor da refinaria de petróleo Townsend Oil. O prefeito de Pageville, onde fica a refinaria, informou que deseja dobrar o imposto que a petroleira paga ao município, de 2 para 4 milhões de dólares. Você retrucou dizendo que considera o valor atual suficiente. A negociação ficou assim: ele quer receber mais e você quer continuar pagando a mesma coisa. Nessa negociação, típica de muitas maneiras, onde estão os interesses em comum?

Vamos examinar com mais atenção o que o prefeito deseja. Ele quer dinheiro para pagar os serviços públicos, talvez construir uma nova prefeitura e aliviar a carga tributária dos contribuintes comuns. Mas a cidade não pode depender apenas da Townsend Oil para obter todo o dinheiro de que precisa. Ela vai buscar os recursos com a indústria petroquímica vizinha à petroleira, por exemplo, e, para o futuro, com novos negócios e com a expansão dos negócios existentes. O prefeito, que também é empresário, quer incentivar a expansão industrial da cidade e atrair novos empreendimentos, gerando empregos e fortalecendo a economia da cidade.

Quais são os interesses da empresa? Considerando as rápidas mudanças na tecnologia do refino do petróleo e as condições antiquadas de sua indústria, você está pensando em realizar uma grande reforma e em expandir a fábrica. Seu medo é de que, depois disso, a prefeitura aumente ainda mais o imposto. Considere também que você vem incentivando uma fábrica de plásticos a se instalar perto da refinaria, para utilizar convenientemente o produto. E, claro, você também teme que, ao ver os impostos municipais aumentarem, a fábrica de plásticos pense duas vezes antes de ir para a cidade.

Agora os interesses em comum entre você e o prefeito se tornaram mais evidentes. Vocês concordam com os objetivos de fomentar a expansão industrial e incentivar a instalação de fábricas na cidade. Se você parasse para criar opções para atender a esses objetivos, poderia ter várias ideias: isenção fiscal de sete anos para novas indústrias, uma campanha de publicidade em parceria com a câmara de comércio para atrair novas empresas, redução de impostos para as indústrias já instaladas na cidade e que queiram se expandir.

Essas ideias podem lhe poupar dinheiro e ao mesmo tempo encher os cofres da cidade. Se, por outro lado, a negociação azedar a relação entre empresa e cidade, ambas perderão. Você pode, por exemplo, reduzir o valor da doação para instituições de caridade da cidade e incentivo ao esporte. A cidade pode passar a exigir o cumprimento rígido do código de construção civil e outras regulamentações. Seu relacionamento pessoal com os líderes políticos e empresariais da cidade pode se tornar desagradável. A relação entre as partes, que muitas vezes é tida como certa e por isso é negligenciada, com frequência é mais importante do que o resultado de qualquer questão em particular.

Como negociador, você quase sempre terá que buscar soluções que satisfaçam a outra parte. Se o cliente se sente enganado em uma compra, isso significa que o dono da loja também fracassou; ele pode perder o cliente e a reputação. Um resultado em que o outro lado não ganha absolutamente nada é pior para você do que aquele em que o outro lado se sente apaziguado. Em quase todos os casos, sua satisfação numa negociação depende, até certo ponto, de deixar o outro lado contente o bastante com um acordo para querer mantê-lo.

É importante ter em mente três aspectos sobre os interesses em comum. Primeiro, os interesses em comum estão latentes em qualquer negociação, mesmo que não sejam óbvios. Pergunte a si mesmo: temos o interesse em comum de preservar o relacionamento? Quais são as oportunidades de cooperação e benefício mútuo? Que custos teríamos se as negociações fossem interrompidas? Existem princípios em comum – por exemplo, um preço justo – que ambas as partes possam respeitar?

Segundo, interesses em comum são oportunidades, não dádivas. Para serem úteis, é preciso fazer algo com eles. Uma atitude que pode ajudar nesse sentido é deixar claro para o outro lado que há um interesse em comum e formulá-lo como um *objetivo* compartilhado.

Em outras palavras, torná-lo concreto e orientado para o futuro. Como diretor da petroleira, por exemplo, você pode estabelecer com o prefeito a meta conjunta de levar cinco novas indústrias para a cidade num período de três anos. A isenção fiscal para novas indústrias representaria, então, não uma concessão do prefeito para você, mas uma medida visando a meta em comum.

Terceiro, enfatizar os interesses em comum pode tornar a negociação mais tranquila e amigável. Os náufragos de um bote salva-vidas perdidos com poucos alimentos em alto-mar vão deixar de lado as divergências em relação à comida em busca do objetivo comum de chegar em terra firme.

Concilie interesses distintos. Vamos examinar mais uma vez a história das duas crianças brigando por uma laranja. Elas decidiram dividi-la, mas não sabiam que uma queria chupar a polpa enquanto a outra queria a casca. Neste caso – e em muitos outros –, é possível alcançar um acordo satisfatório porque os lados querem coisas *diferentes*. Pensando bem, isto é surpreendente: em geral, presume-se que os problemas nascem das diferenças entre as partes, mas elas também podem levar a uma solução.

Muitas vezes o acordo é baseado na discordância. É tão absurdo pensar que o ideal é começar chegando a um acordo sobre os fatos quanto é absurdo, por exemplo, um comprador de ações convencer o vendedor de que as ações provavelmente subirão. Se eles concordassem que as ações vão subir, o vendedor por certo não venderia. O que torna o acordo viável é o fato de o comprador acreditar que o preço vai subir e o vendedor, que vai cair. A diferença de crença fornece a base para um acordo.

Muitos acordos criativos baseiam-se nas diferenças. Diferenças de interesses e crenças possibilitam que um item seja altamente benéfico para você e, ao mesmo tempo, de baixo custo para a outra parte.

Os tipos de diferença que melhor se complementam são os de interesse, de crença, de níveis de valorização do tempo, de previsões e de níveis de aversão ao risco.

Existe diferença de interesses? A breve lista a seguir sugere variações comuns de interesses que você deve procurar numa negociação:

Uma das partes se preocupa com:	A outra parte se preocupa com:
Forma	Essência
Questões econômicas	Questões políticas
Questões internas	Questões externas
Questões simbólicas	Questões práticas
Futuro imediato	Futuro distante
Resultados *ad hoc*	O relacionamento
Ferramentas	Ideologia
Progresso	Respeito pela tradição
Precedentes	A negociação atual
Prestígio, reputação	Resultados
Interesses políticos	Bem-estar do grupo

Existe diferença de crenças? Se eu acredito que estou certo e você também acredita que está, podemos tirar vantagem dessa diferença de crenças concordando em submeter a decisão a um árbitro imparcial. Quando dois grupos da liderança sindical não concordam sobre uma proposta salarial podem submeter a questão à votação dos membros.

Existe diferença no nível de valorização do tempo? Você pode se importar mais com o presente, enquanto a outra parte está mais preocupada com o futuro. Um plano de parcelamento funciona com base nesse princípio. O comprador está disposto a pagar um preço mais alto por um carro se puder pagar a prazo; o vendedor está disposto a receber o pagamento mais tarde por um preço mais alto.

Existe diferença de expectativa? Numa negociação salarial entre um grande time e um astro do futebol em fim de carreira, talvez o jogador espere vencer muitas partidas, enquanto o diretor do clube tem a expectativa inversa. Aproveitando essas diferentes expectativas, ambos podem concordar com um salário-base modesto mas incluir um grande bônus no contrato caso a equipe chegue às finais.

Existe diferença no nível de aversão ao risco? Vejamos, por exemplo, a questão da mineração em águas profundas que surgiu durante as negociações internacionais do Direito do Mar. Quanto as mineradoras devem pagar à comunidade internacional pelo privilégio de explorar o fundo do mar em águas internacionais? As empresas de mineração se preocupam mais em evitar grandes perdas do que em auferir grandes lucros. Para elas, a mineração em águas profundas é um grande investimento. E elas querem reduzir o risco. A comunidade internacional, por outro lado, está preocupada com a receita. Se alguma empresa vai ganhar muito dinheiro com "a herança comum da humanidade", o resto do mundo quer uma parcela generosa do lucro.

Nessa diferença reside o potencial de um acordo vantajoso para ambos os lados. O risco pode ser negociado por receita. Explorando a diferença de aversão ao risco, o acordo pode prever a cobrança de impostos baixos até a empresa recuperar o investimento – em outras palavras, enquanto o risco é alto – e bem mais altos a partir de então, quando o risco passa a ser baixo.

Pergunte o que eles preferem. Uma forma de conciliar interesses é criar várias opções igualmente aceitáveis para você e perguntar à outra parte qual delas prefere. Você quer saber o que é preferível, não necessariamente o que é aceitável. A partir daí, poderá trabalhar um pouco mais a opção escolhida e, depois, apresentar duas ou mais variações dela, perguntando qual preferem. Dessa forma, sem ninguém precisar tomar decisões, você pode aprimorar um plano até exaurir todas as hipóteses de ganhos mútuos. Por exemplo, o agente do astro do futebol pode perguntar ao presidente do time: "O que atende melhor aos seus interesses? Um salário de 8,75 milhões por ano durante quatro anos ou 10 milhões por ano durante três anos? A segunda opção? Ok, e que tal 7,5 milhões por ano durante três anos e 10 milhões de bônus para cada título da equipe ou cada ano em que ele for eleito o melhor jogador do time?"

Se fosse possível resumir a conciliação de interesses em uma só frase, seria: procure itens que são de baixo custo para você e de alto benefício para a outra parte. Diferenças de interesses, prioridades, crenças, expectativas e atitudes em relação ao risco possibilitam a conciliação. O lema de um negociador pode ser "Viva a diferença!".

Facilite a decisão deles

Sua negociação é bem-sucedida quando a outra parte toma uma decisão que você deseja. Para isso acontecer, faça o possível para facilitar essa decisão. Em vez de dificultar as coisas para o outro lado, apresente a ela a escolha menos complicada possível. Preocupadas com as questões que consideram importantes na negociação, geralmente as pessoas não buscam formas de se sair bem levando em conta os interesses da outra parte. Para superar a falta de visão provocada pelo imediatismo, coloque-se no lugar do outro. Sem opções que agradem a outra parte, provavelmente não haverá acordo.

No lugar de quem? Você está tentando influenciar um único negociador, um chefe ausente, um comitê ou outro órgão de decisão coletiva? Você não será bem-sucedido negociando com algo abstrato como uma prefeitura ou uma universidade. Em vez de tentar convencer "a seguradora" a tomar uma decisão, é mais sensato se concentrar em fazer com que um representante da empresa faça uma recomendação. Por mais complexo que possa parecer o processo de decisão do outro lado, você o entenderá melhor se escolher uma pessoa – provavelmente a mesma com quem está lidando – e observar o problema a partir do ponto de vista dela.

Ao se concentrar em uma pessoa, você não está ignorando as complexidades da negociação, apenas lidando com elas por meio do entendimento da maneira como elas afetam o indivíduo com quem você está negociando. Você pode enxergar seu papel de negociador sob uma nova perspectiva e passar a considerar que seu trabalho é, por exemplo, fortalecer essa pessoa ou dar a ela argumentos para convencer os outros a concordar com sua visão. Um embaixador britânico descreveu seu trabalho como "ajudar outro embaixador a receber novas instruções". Se você se puser no lugar de sua contraparte, entenderá o problema dele e descobrirá que tipo de opções pode resolvê-lo.

Que decisão? No Capítulo 2, discutimos como é possível entender os interesses do outro lado analisando as opções que ele enxerga. Agora, você está tentando criar opções que alterem as escolhas dele para fazê-lo tomar uma decisão satisfatória para você. Sua tarefa é dar a ele não um problema, mas uma resposta, uma decisão fácil. Nesse processo, é fundamental se concentrar no conteúdo da decisão em si, que muitas vezes é impedida pela incerteza.

Em geral, você quer obter o máximo possível na negociação, mas nem sequer sabe quanto é esse máximo. É provável que você diga: "Faça uma proposta e eu lhe direi se ela é suficiente." Talvez isso lhe pareça razoável, mas, se observar pelo ponto de vista de seu interlocutor, você entenderá a necessidade de fazer um pedido mais atraente. Isso porque, qualquer que seja a proposta, você provavelmente considerará pouco e pedirá mais. E pedir que o outro lado "colabore" também não levará à decisão que você deseja.

Muitos negociadores não sabem se estão pedindo palavras ou desempenho. No entanto, essa diferença é fundamental. Se você quer desempenho, não acrescente algo para criar "margem para negociação". Se você quer que um cavalo pule uma cerca, não aumente a cerca. Se quer vender um refrigerante por 2 dólares, não coloque o preço em 2,50 para ter margem para negociar.

Na maioria das vezes você precisa de uma promessa – um acordo. Pegue lápis e papel e tente esboçar possíveis acordos. Numa negociação, nunca é cedo demais para começar a escrever e clarear as ideias. Prepare várias versões, começando pela mais simples. Quais são os termos com que a outra parte poderia concordar, termos que seriam atrativos para ambos os lados? É possível reduzir o número de pessoas que precisam aprovar o acordo? É possível formular um acordo que seja fácil para eles implementarem? O outro lado levará em conta as dificuldades para a execução de um acordo; você também deve levar.

Em geral, é mais fácil deixar de fazer algo que interromper uma ação em curso. É mais fácil parar de fazer algo do que começar a fazer uma coisa completamente nova. Se os trabalhadores querem ouvir música no trabalho, é mais fácil para a empresa concordar em não interferir por algumas semanas e criar um programa experimental administrado pelos próprios funcionários do que gerir ela própria o programa.

Considerando que a maioria das pessoas é muito influenciada por suas noções de legitimidade, uma forma eficaz de desenvolver soluções fáceis para o outro lado é moldá-las de forma a parecerem legítimas. A outra parte fica mais propensa a aceitar uma solução caso ela pareça a coisa certa a fazer – se a solução é justa, honrada, lícita, etc.

Poucas coisas facilitam tanto uma decisão quanto os precedentes. Procure por eles. Procure uma decisão ou uma declaração da outra parte em uma situação semelhante e tente propor um acordo com base nela. Isso dará a você um critério objetivo para sua solicitação e aumentará a chance de a proposta ser aceita. Quando você percebe que seu interlocutor quer ser consistente e reflete sobre o que ele já fez ou disse no passado, tem mais facilidade para criar opções aceitáveis para você mesmo e que também levem em conta o ponto de vista do outro.

Fazer ameaças não basta. Além do conteúdo da decisão que você deseja que a outra parte tome, considere, do ponto de vista dela, as consequências dessa decisão. Se você estivesse do outro lado, que resultados mais temeria? O que esperaria alcançar?

Muitas vezes, tentamos influenciar os outros por ameaças e advertências sobre o que acontecerá se não tomarem as decisões que queremos que tomem. No entanto, em geral ofertas são mais eficazes. Informe a outra parte sobre as prováveis consequências que podem esperar caso aceitem sua proposta e empenhe-se em melhorar as consequências do ponto de vista deles. Como tornar suas ofertas mais dignas de confiança? De que pontos específicos eles podem gostar? Eles querem o crédito por terem feito a proposta final? Gostariam de fazer o anúncio do acordo? O que é possível criar que seja atraente para eles mas de baixo custo para você?

Para avaliar uma opção pelo ponto de vista de seu interlocutor, pense em como ele pode ser criticado caso a adote. Escreva uma ou duas frases para ilustrar o que o crítico mais mordaz pode dizer sobre a decisão que você está pensando em pedir que sua contraparte tome. Em seguida, escreva algumas frases que ele pode usar para se defender. Esse exercício ajudará você a analisar as restrições da outra parte, o que pode ajudá-lo a criar opções que atendam aos interesses dele e, consequentemente, que ele tome uma decisão que atenda aos seus.

O teste final de uma opção é escrevê-la na forma de uma "proposta aceitável". Tente redigir uma proposta capaz de receber um simples "sim" como resposta suficiente, realista e funcional. Fazendo isso, você reduz a chance de que seus interesses pessoais imediatos o tenham cegado para a necessidade de atender aos interesses da outra parte.

Numa situação complexa, o levantamento criativo de ideias é uma necessidade absoluta. Em qualquer negociação, ela pode abrir portas e produzir uma gama de possíveis acordos satisfatórios para ambas as partes. Portanto, crie muitas opções antes de selecionar entre elas. Invente primeiro; decida depois. Procure interesses em comum e interesses diferentes mas conciliáveis. E procure facilitar a decisão da outra parte.

5

Insista em usar critérios objetivos

Por melhor que você entenda os interesses da outra parte, por mais engenhosas que sejam suas formas de conciliar interesses, por mais que você valorize o relacionamento, quase sempre enfrentará a dura realidade dos interesses conflitantes. Nenhuma conversa sobre estratégias "ganha-ganha" pode esconder esse fato. Você quer baixar o aluguel; o proprietário quer aumentá-lo. Você quer que as mercadorias sejam entregues amanhã; o fornecedor, semana que vem. Você quer a sala com vista; seu sócio também. Essas diferenças não podem ser varridas para debaixo do tapete.

Decidir com base na vontade custa caro

Em geral, os negociadores tentam resolver conflitos negociando posições – em outras palavras, falando sobre o que estão ou não dispostos a aceitar. Um negociador pode exigir concessões com base na simples insistência: "O preço é 5 mil e ponto final." Outro pode fazer uma oferta generosa, na esperança de obter aprovação ou amizade. Quer a situação se torne uma disputa para ver quem é o mais teimoso ou o mais generoso, o processo de negociação se concentra naquilo com que cada lado está disposto a concordar. O resultado vem da interação de duas vontades humanas – quase como se os negociadores vivessem numa ilha deserta, sem história, costumes e padrões morais.

Conforme já discutimos no Capítulo 1, tentar conciliar diferenças com base na vontade é uma tática onerosa. É pouco provável que uma negociação seja eficiente ou amistosa se você colocar sua vontade contra a do outro lado e se uma parte precisa recuar. Não importa se estão escolhendo um lugar para comer, estruturando uma empresa ou disputando a guarda de uma criança – sem um critério objetivo, é improvável que cheguem a um acordo sensato.

Se tentar resolver diferenças de interesse com base na vontade é tão oneroso, a solução é negociar em alguma base *independente* da vontade das partes – isto é, com base em critérios objetivos.

A necessidade de usar critérios objetivos

Vamos supor que você tenha firmado um contrato de construção para sua casa por um preço fixo. É necessário usar fundações de concreto armado, mas não há especificação da profundidade delas. O empreiteiro sugere 60cm. Você acha que, para seu tipo de casa, o normal é 1,5m.

Suponha que o empreiteiro diga: "Eu concordei com você a respeito das vigas de aço para o telhado. É sua vez de ceder sobre a profundidade das fundações." Nenhum proprietário em sã consciência cederia. Em vez de fazer uma troca de favores, você insistiria em decidir a questão com base em padrões objetivos de segurança. "Veja bem, talvez eu esteja errado. Talvez 60cm sejam suficientes. O que quero são fundações fortes e profundas o bastante para sustentar a construção com segurança. O governo tem especificações para essas condições de solo? Qual a profundidade das fundações de outras construções nesta área? Onde você acha que vamos encontrar critério para resolver essa questão?"

Elaborar um bom contrato não é mais fácil do que construir fundações sólidas. Se a necessidade de critérios objetivos é tão clara na negociação entre proprietário e empreiteiro, por que não se aplicaria a negócios, acordos coletivos, acordos judiciais e negociações internacionais? Por que não insistir em que uma negociação de preço, por exemplo, seja baseada em algum critério, como o valor de mercado, o custo de reposição, o valor de depreciação ou preços competitivos, em vez de se fundamentar no valor pedido pelo vendedor?

Resumindo, o ideal é comprometer-se a alcançar uma solução baseada em princípios, não na pressão. Concentre-se no mérito do problema, não da determinação das partes. Esteja aberto à razão e fechado a ameaças.

A negociação baseada em princípios produz acordos sensatos de forma amistosa e eficiente. Quanto mais critérios de imparcialidade, eficiência ou mérito científico você aplicar ao problema, maior a probabilidade de produzir uma solução sensata e justa. Quanto mais as partes utilizam os precedentes e a práxis da comunidade, maiores as chances de se beneficiarem das experiências passadas. Um acordo consistente com os anteriores é menos vulnerável a ataques. Se um contrato de aluguel contiver termos-padrão ou se um contrato de venda estiver de acordo com a prática do setor, haverá menos risco de uma das partes achar que foi tratada de forma desonesta ou de, mais tarde, rejeitar o contrato.

A batalha constante pelo domínio ameaça o relacionamento; a negociação baseada em princípios o protege. É muito mais fácil lidar com as pessoas quando ambos os lados discutem critérios objetivos para resolver um problema em vez de tentarem forçar um ao outro a recuar.

Quando discutimos critérios objetivos para nos aproximarmos de um entendimento, reduzimos o número de compromissos que cada lado deve fazer e depois desfazer até chegarem à aprovação final. Na negociação de posições, os negociadores passam grande parte do tempo defendendo sua posição e atacando a outra parte. As pessoas que usam critérios objetivos tendem a usar o tempo de forma mais eficiente: falando sobre critérios e soluções possíveis.

A utilização de critérios independentes é ainda mais importante para a eficiência da negociação quando há várias partes envolvidas. Nesses casos, a negociação de posições é, na melhor das hipóteses, complicada – requer coalizões; e quanto mais partes concordam com determinada posição, mais difícil se torna mudá-la. Da mesma forma, se cada negociador está representando um cliente ou precisa discutir a mudança de posição com um superior, a tática de adotar posições e depois mudá-las torna-se ainda mais demorada e difícil.

Um episódio ocorrido durante as negociações do Direito do Mar ilustra bem as vantagens de usar critérios objetivos. A certa altura, a Índia, representando o bloco dos países em desenvolvimento, propôs às mineradoras uma taxa inicial de 60 milhões de dólares por ponto de exploração. Os Estados Unidos rejeitaram a proposta, sugerindo que não houvesse taxa inicial. Ambos os lados bateram pé; o assunto se tornou uma disputa de vontades.

Então, alguém descobriu que o Instituto de Tecnologia de Massachusetts (MIT) havia desenvolvido um modelo para a economia da mineração em águas profundas. O modelo, gradualmente aceito pelas partes como sendo objetivo, oferecia um método para avaliar o impacto de qualquer proposta de taxação sobre a economia de mineração. Quando o representante indiano perguntou sobre o efeito de sua proposta, mostraram a ele como a alta taxa que havia proposto – de 60 milhões de dólares, a ser paga cinco anos antes de a mina gerar receita – impossibilitaria as atividades de qualquer mineradora. Impressionado, ele anunciou que reconsideraria sua posição. O modelo do MIT também instruiu os representantes americanos, cujas informações sobre o assunto eram basicamente restritas aos dados fornecidos pelas mineradoras. O modelo indicou que uma taxa inicial era economicamente viável. Como resultado, os Estados Unidos também mudaram de posição.

Ninguém recuou; ninguém pareceu fraco – apenas sensato. Após uma longa negociação, as partes chegaram a um acordo preliminar satisfatório para ambas.

O modelo do MIT aumentou a probabilidade de acordo e diminuiu a custosa postura de negociação de posições. Levou a uma solução mais eficaz, que seria atraente para as empresas *e ao mesmo tempo* geraria receitas consideráveis para as nações. A existência de um modelo objetivo capaz de prever as consequências de qualquer proposta ajudou a convencer as partes de que o acordo preliminar a que chegaram era justo. Isso, por sua vez, fortaleceu as relações entre os negociadores e aumentou a chance de um acordo permanente.[3]

Desenvolvendo critérios objetivos

Para conduzir uma negociação baseada em princípios, é preciso levar em conta duas questões: como desenvolver critérios objetivos? E como usá-los na negociação?

Seja qual for o método de negociação, você se sairá melhor caso se prepare, e isso sem dúvida se aplica à negociação baseada em princípios. Portanto, desenvolva previamente alguns critérios alternativos e descubra como podem ser aplicados a seu caso.

Padrões justos. Muitas vezes, você encontrará mais de um critério objetivo disponível para servir de base num acordo. Suponha, por exemplo, que seu carro sofra perda total e você registre o sinistro na seguradora. Conversando com o avaliador, você pode levar em conta os seguintes parâmetros para determinar o valor do automóvel: (1) o custo original do carro menos a depreciação; (2) o valor pelo qual ele poderia ter sido vendido; (3) o valor "de catálogo" de um carro daquele ano e modelo; (4) o valor de reposição do seu automóvel por um comparável; e (5) o valor que um tribunal determinaria para o veículo.

---

[3] Para mais exemplos interessantes tirados das negociações do Direito do Mar, leia James K. Sebenius, *Negotiating the Law of the Sea: Lessons in the Art and Science of Reaching Agreement* (Harvard University Press, 1984).

Em outros casos, dependendo do problema, talvez valha a pena propor um acordo baseado em:

valor de mercado
precedentes
opinião científica
padrões profissionais
eficiência
custos
decisão de um tribunal
padrões morais
tratamento igualitário
tradição
reciprocidade
etc.

O mínimo que se espera é que os critérios objetivos sejam independentes da vontade de qualquer parte. Para garantir um acordo sensato, o ideal é que os critérios objetivos sejam não apenas independentes da vontade das partes, mas também legítimos e práticos. Em uma disputa sobre a demarcação de um território, por exemplo, talvez seja mais fácil concordar em utilizar uma característica geográfica notória, como um rio, do que numa linha a três metros da margem do rio.

Os critérios objetivos devem ser aplicados, pelo menos em tese, a ambos os lados. Portanto, você pode usar o teste de aplicabilidade recíproca para garantir que um critério proposto seja justo e independente da vontade das partes. Se a imobiliária que está lhe vendendo uma casa oferece um contrato-padrão, convém perguntar se o contrato é o mesmo quando eles *compram* uma casa. No campo internacional, muitos povos insistem em afirmar que o princípio da autodeterminação é um direito fundamental, mas negam que ele valha para nações adversárias. Basta olhar para os exemplos do Oriente Médio, da Caxemira e do Chipre.

Procedimentos justos. Para chegar a um resultado independente da vontade das partes, você pode usar critérios justos para resolver a questão real ou procedimentos justos para resolver os interesses conflitantes. Pense, por exemplo, na maneira antiga de dividir um pedaço de bolo entre duas crianças: uma corta e a outra escolhe. Nenhuma delas pode reclamar de uma divisão injusta.

Esse procedimento simples foi utilizado na negociação do Direito do Mar, uma das mais complexas já realizadas. Em determinado ponto, surgiu um impasse sobre como alocar os pontos de mineração no fundo do mar. Sob os termos do acordo esboçado, metade dos locais seria explorada por empresas privadas e a outra metade pela Enterprise, mineradora das Nações Unidas. Como as empresas privadas de mineração dos países ricos tinham a tecnologia e o conhecimento para escolher os melhores pontos de perfuração, os países mais pobres temiam que, menos informada, a Enterprise ficasse em desvantagem.

A solução criada foi concordar que uma empresa privada que pretendesse minerar o fundo do mar apresentasse à Enterprise *duas* propostas de locais de mineração. A Enterprise escolheria um e concederia à empresa a licença para trabalhar no outro. Como a empresa não saberia qual local receberia, se esforçaria para que os dois locais fossem tão promissores quanto possível. Com esse simples procedimento, a Enterprise se valeu da maior experiência da empresa privada e ambos os lados saíram ganhando.

Uma variação desse procedimento é permitir que as partes negociem o que consideram um acordo justo antes de decidirem seus papéis e suas responsabilidades. Num divórcio, por exemplo, antes de decidir qual dos dois ficará com a guarda dos filhos, ambos podem concordar com os direitos de visita e as responsabilidades daquele que ganhar e daquele que perder a guarda. Isso os incentivará a concordar com direitos de visitação que ambos considerem justos.

Enquanto pensa em soluções sobre como proceder, avalie a possibilidade de usar outros meios básicos de resolver as diferenças: revezamento, sorteio, deixar que a decisão fique a cargo de um terceiro, etc.

Muitas vezes, alternar entre as partes é a melhor maneira de dividir um grande número de bens entre os herdeiros. Depois, se quiserem, podem fazer trocas. Como alternativa, as partes podem testar diversas formas de divisão dos bens antes de se comprometerem a aceitar uma solução. Formas de sorteio, como par ou ímpar e cara ou coroa, são intrinsecamente imparciais. Os resultados podem ser desiguais, mas cada lado terá tido a mesma oportunidade de obter o que queria.

Outro procedimento muito conhecido e que tem um número infinito de possibilidades é permitir que um terceiro desempenhe papel-chave numa decisão conjunta. Em busca de aconselhamento ou mesmo uma decisão, as partes podem concordar em submeter uma questão específica a um especialista. Também podem pedir que um mediador os ajude a tomar uma decisão ou enviar o assunto a um árbitro que tome uma decisão autoritária e definitiva.

O beisebol profissional, por exemplo, usa o que chama de "arbitragem de última oferta" para resolver as disputas salariais dos jogadores. O árbitro deve escolher entre a última oferta feita por um lado ou a última oferta feita pelo outro. Na teoria, esse procedimento pressiona as partes a tornar suas propostas mais razoáveis. No beisebol – e nos estados americanos onde essa forma de arbitragem é obrigatória para resolver certas disputas envolvendo funcionários públicos –, esse recurso parece produzir mais acordos do que em circunstâncias semelhantes nas quais é obrigatório se submeter à arbitragem convencional; no entanto, as partes que não entram em acordo às vezes dão ao árbitro a desagradável tarefa de ter que escolher entre duas ofertas extremas.

A negociação com critérios objetivos

Após identificar critérios e procedimentos objetivos, como discuti-los com a outra parte?

Três pontos básicos devem ser lembrados:

1. Formule cada questão como uma busca conjunta por critérios objetivos.
2. Pondere e escute a voz da razão para decidir quais são os critérios mais apropriados e como aplicá-los.
3. Nunca ceda à pressão, apenas aos princípios.

Em suma, concentre-se em critérios objetivos de maneira firme mas flexível.

Formule cada questão como uma busca conjunta por critérios objetivos. Se você está negociando a compra de uma casa, pode começar dizendo: "Você quer um preço alto e eu quero um preço baixo. Vamos descobrir o preço *justo*. Que critérios objetivos podem ser mais pertinentes?" Você e o outro negociador podem ter interesses conflitantes, mas agora têm um objetivo em comum: determinar um preço justo. Você pode começar sugerindo alguns critérios – o preço da casa ajustado pela depreciação e pela inflação, os preços de vendas recentes de casas similares no bairro ou uma avaliação independente – e, em seguida, perguntar quais são as sugestões do vendedor.

Pergunte "Qual é a sua teoria?". Se o vendedor começar lhe dando uma posição, como "O preço é 255 mil", pergunte a ele que raciocínio o fez chegar a esse preço: "Como você chegou a esse valor?" Trate o problema como se o vendedor também estivesse procurando um preço justo baseado em critérios objetivos.

Antes de tudo, concorde com relação aos princípios. Antes mesmo de considerar possíveis termos, você deve concordar com o critério (ou os critérios) a ser aplicado.

Cada critério proposto pela outra parte torna-se uma alavanca que você pode usar para persuadi-la. Sua proposta terá mais impacto caso apresentada de acordo com os critérios do outro negociador, que terá dificuldade em não aplicar os próprios critérios. "Você diz que o Sr. Jones vendeu a casa ao lado por 260 mil dólares. Sua teoria é de que esta casa deve ser vendida pelo mesmo valor de casas similares no bairro, certo? Nesse caso, vamos descobrir por quanto foram vendidas as casas das ruas próximas." O que torna a concessão particularmente difícil é ter que aceitar a proposta de outra pessoa. Quando o próprio negociador sugere o critério, concordar com ele não é um ato de fraqueza, mas de força, de cumprimento da palavra.

Pondere e escute a voz da razão. O que torna a negociação uma busca *conjunta* é que, por mais que tenha preparado vários critérios objetivos, você chega à mesa com a mente aberta. Na maioria das negociações, as pessoas usam precedentes e outros critérios objetivos como simples argumentos para defender uma posição. O sindicato da polícia pode, por exemplo, insistir em determinado percentual de aumento e justificar a posição argumentando sobre como funciona a polícia de outros estados. Em geral, esse uso de critérios só serve para prender as pessoas ainda mais às suas posições.

Algumas pessoas vão além e já começam a negociação anunciando que sua posição é uma questão de princípios e se recusam a escutar o que a outra parte diz. "É uma questão de princípios" torna-se um grito de guerra em defesa da ideologia. Diferenças práticas se transformam em diferenças de princípios e travam ainda mais os negociadores em suas posições, em vez de libertá-los.

Isso definitivamente *não* é o que se entende por negociação baseada em princípios. Insistir em que um acordo se baseie em critérios objetivos não significa querer que ele se baseie apenas no critério que *você* propõe. Um critério de legitimidade não impede a existência de outros. O que a outra parte considera justo pode não ser o que você acredita ser. Você deve se comportar como um juiz; embora possa tender para um lado (neste caso, o seu), precisa estar disposto a levar em conta as razões para aplicar outro critério – ou para aplicar seu critério de maneira diferente. Quando cada parte propõe um critério diferente, é preciso buscar uma base objetiva para decidir entre eles – por exemplo, o critério usado pelas partes no passado ou o critério mais comum para o caso. Assim como a vontade das partes não deve resolver a questão essencial, não deve resolver qual critério deve ser aplicado.

Em determinado caso, pode haver dois critérios (como valor de mercado e custo de depreciação) que produzam resultados diferentes, mas que ambas as partes considerem igualmente legítimos. Nesse caso, é perfeitamente legítimo dividir a diferença ou aceitar algo entre os resultados sugeridos pelos critérios – ou seja, chegar a um meio-termo entre eles. Dessa maneira, o resultado continua sendo independente da vontade das partes.

No entanto, se mesmo após uma longa discussão sobre os méritos de um problema você não considerar os critérios propostos pela outra parte os mais adequados, pode sugerir que sejam postos à prova. Encontrem alguém que ambos consideram justo e entreguem à pessoa uma lista dos critérios propostos. Peça a ela que decida quais são os mais justos ou apropriados para a situação. Como os critérios objetivos são supostamente legítimos – e tendo em vista que, para ser legítimo, precisa ter a aceitação de muitas pessoas –, é razoável fazer esse pedido. Você não está pedindo que terceiros resolvam a questão essencial – apenas que os aconselhem sobre qual critério usar para resolvê-la.

A diferença entre chegar a um acordo quanto aos princípios para tomar uma decisão e usar os princípios apenas como argumentos para sustentar suas posições às vezes é sutil, mas significativa. Um negociador de princípios está aberto a praticar uma persuasão fundamentada nos méritos; um negociador de posições, não. É a combinação de abertura à razão com insistência numa solução baseada em critérios objetivos que torna a negociação baseada em princípios tão persuasiva e tão efetiva em fazer com que a outra parte se adapte a ela.

Nunca ceda à pressão. Considere outra vez o exemplo da negociação com o empreiteiro que vai construir sua casa. E se ele se oferecesse para contratar seu cunhado sob a condição de que você aceite a profundidade das fundações que ele deseja? Você provavelmente responderia: "Um emprego para meu cunhado não tem nada a ver com a profundidade necessária para que a casa esteja seguramente sustentada." E se o empreiteiro ameaçasse cobrar mais? Você responderia da mesma forma: "Também vamos resolver essa questão com base nos méritos. Vamos ver quanto outros empreiteiros cobram por esse tipo de trabalho" ou "Apresente-me seus custos e vamos calcular uma margem de lucro justa". Se o contratante perguntasse: "Ora, você não confia em mim?", você diria: "A questão aqui não tem nada a ver com confiança, mas com a profundidade das fundações para que a casa seja segura."

A pressão pode assumir muitas formas: um suborno, uma ameaça, um apelo manipulador à confiança ou uma simples recusa a mudar de opinião. Em todos os casos, a resposta baseada em princípios é a mesma: solicite à outra parte que apresente seu raciocínio, sugira critérios objetivos que você considera aplicáveis e jamais ceda à pressão, apenas ao princípio.

Quem vai prevalecer? É impossível afirmar, mas, no geral, você terá uma vantagem, pois, além da força de vontade, contará com o poder da legitimidade e permanecerá aberto à argumentação – uma atitude persuasiva. Será mais fácil, para você, resistir a fazer concessões arbitrárias do que, para eles, resistir a apresentar critérios objetivos. A recusa em ceder – a não ser diante de motivos convincentes – é uma posição mais fácil de defender em particular e publicamente do que a recusa em ceder combinada com a recusa em apresentar razões convincentes para a adoção de determinado critério.

É bastante provável que você consiga persuadir o outro lado quanto à questão do processo – mudará o processo da negociação de posições para uma busca por critérios objetivos. Nesse sentido, a estratégia da negociação baseada em princípios é dominante. Ao insistir em que a negociação seja baseada nos méritos, você pode levar seu interlocutor a entrar no jogo, pois essa passa a ser a única forma que ele terá de defender os próprios interesses.

Também é provável que você se saia bem na questão essencial. Especialmente para aqueles que se sentem intimidados por um negociador de posições, a negociação baseada em princípios permite que você mantenha sua posição e, ao mesmo tempo, seja justo. Os princípios funcionam como parceiros dedicados que não deixarão você ceder à pressão.

Se o outro lado não ceder nem propuser uma base convincente para explicar sua posição, não haverá mais negociação. Quando isso acontece você tem uma escolha – a mesma que enfrenta quando entra numa loja de produtos com preço fixo e inegociável: é pegar ou largar. Antes de largar, porém, verifique se deixou passar algum critério objetivo que justifique a oferta da outra parte. Caso descubra e prefira chegar a um acordo com base nele a não fazer acordo algum, então siga em frente. A existência desse critério objetivo evita o custo de ceder a uma posição arbitrária.

Caso ninguém recue e você não encontre nenhum princípio que sirva de base para aceitar a proposta, reflita sobre o que pode ganhar aceitando uma oferta arbitrária em vez de seguir para sua melhor alternativa possível. Ponha na balança e veja o que vale mais: aceitar a proposta ou negá-la e aumentar sua reputação como um negociador de princípios.

Mudar o rumo da discussão – buscando decidir a questão em vez de querer descobrir o que a outra parte está disposta a fazer – não acaba com a disputa nem garante um resultado favorável. No entanto, fornece uma estratégia que você pode seguir sem pagar os altos custos da negociação de posições.

"É política da empresa"

Vejamos um caso real em que uma das partes usou a negociação de posições e a outra, a negociação baseada em princípios. Um caminhão de lixo bateu no carro de Tom, que estava estacionado. O automóvel estava no seguro, mas a quantia exata ainda precisava ser discutida com o avaliador da seguradora.

AVALIADOR: Estudamos o seu caso e decidimos que a apólice se aplica. Você tem direito a 13.600 dólares.

TOM: Entendo. Como você chegou a esse valor?

AVALIADOR: Foi o que decidimos que o carro valia.

TOM: Entendo, mas que critério você usou para determinar esse valor? Você sabe onde posso comprar um carro similar por esse preço?

AVALIADOR: Quanto você está pedindo?

TOM: Tudo a que tenho direito de acordo com o contrato. Encontrei um carro usado quase igual ao meu por 17.700. Com as taxas de venda e os impostos, chegaria a cerca de 19 mil dólares.

AVALIADOR: Dezenove mil? Isso é muito!

TOM: Não estou pedindo 19 mil, 18 mil ou 20 mil, mas uma compensação justa. Você concorda que é justo que eu receba o suficiente para substituir o carro?

AVALIADOR: Ok, vou lhe oferecer 15 mil. É o máximo que posso fazer. Política da empresa.

TOM: Como a empresa calcula isso?

AVALIADOR: Olhe, 15 mil é o máximo que você vai conseguir. É pegar ou largar.

TOM: Quinze mil pode ser justo. Não sei. Entendo sua posição, se você está preso pela política da empresa. Mas, a menos que me diga objetivamente por que esse valor é tudo a que tenho *direito*, acho que vou me sair melhor no tribunal. Por que não estudamos o assunto e voltamos a conversar? Quarta-feira às 11 horas é um bom horário para você?

...

AVALIADOR: Ok, tenho aqui um anúncio do jornal de hoje oferecendo um carro do mesmo fabricante, modelo e ano do seu por 14.800.

TOM: Certo. Qual a quilometragem?

AVALIADOR: Ele rodou 49 mil quilômetros. Por quê?

TOM: Porque o meu só tinha 25 mil quilômetros rodados. Segundo seu manual, em quantos dólares essa diferença de quilometragem aumenta o valor?

AVALIADOR: Deixe-me ver... em 1.650.

TOM: Tomando os 14.800 como uma base possível, isso aumenta o valor do seguro para 16.450. O anúncio fala em aparelho de som?

AVALIADOR: Não.

TOM: E quanto vocês pagam a mais por isso no seu manual?

AVALIADOR: Mil e cem dólares.

TOM: E espelho retrovisor com ajuste automático de iluminação?

...

Meia hora depois, Tom saiu com um cheque de 18.024 dólares.

PARTE III

SIM, MAS...

6. E se eles forem mais poderosos?
(Desenvolva sua Batna – Melhor Alternativa a um Acordo Negociado)

7. E se o outro lado não entrar no jogo?
(Use o jiu-jítsu da negociação)

8. E se eles jogarem sujo?
(Domando o negociador difícil)

6

E se eles forem mais poderosos?

(Desenvolva sua Batna – Melhor Alternativa a um Acordo Negociado)

De que adianta falar de interesses, opções e critérios se o outro lado estiver em uma posição mais forte para negociar? O que fazer se ele tem mais dinheiro, melhores conexões, uma equipe maior ou armas mais poderosas?

Nenhum método garante o sucesso se toda vantagem está do outro lado. Nenhum livro sobre jardinagem pode ensiná-lo a cultivar lírios num deserto ou cactos no pântano. Se você entrar numa loja de antiguidades para comprar um conjunto de chá caríssimo mas só tiver uns trocados no bolso, não espere que sua habilidade de negociação seja suficiente para fechar o negócio. Em qualquer negociação, há realidades difíceis de mudar. Em resposta ao poder, o máximo que qualquer método de negociação pode fazer é atender a dois objetivos: *primeiro*, proteger você de fazer um acordo que deveria rejeitar e, *segundo*, ajudar você a aproveitar ao máximo os ativos que possui, de modo que o acordo que fechar satisfaça seus interesses da melhor forma possível. Vamos analisar um objetivo de cada vez.

Autoproteção

Quando você está correndo para pegar um avião, seu objetivo pode parecer extremamente importante; ao olhar em retrospectiva, porém, você vê que poderia ter pegado o próximo voo. A negociação frequentemente lhe apresentará uma situação semelhante. Você se preocupará, por exemplo, com a possibilidade de não chegar a um acordo sobre um negócio importante em que investiu muita energia. Numa situação dessas, um dos grandes perigos é que você seja muito complacente com as visões do outro lado e acabe concordando com tudo rápido demais. O canto da sereia de "Vamos entrar num acordo e acabar com isso" se torna persuasivo. Você pode acabar fechando um negócio que deveria ter rejeitado.

Os custos de usar o resultado mínimo. Em geral, os negociadores tentam se proteger desse resultado estabelecendo previamente o pior resultado aceitável – seu "resultado mínimo". Se você está comprando, o resultado mínimo é o preço mais alto que você pagaria. Se está vendendo, é o menor valor que aceitaria. Por exemplo, você e seu cônjuge podem pedir 300 mil dólares pela casa e, entre vocês, concordarem em não aceitar ofertas abaixo de 260 mil.

Quando você define um resultado mínimo, fica mais fácil resistir à pressão e às tentações do momento. No exemplo da casa, talvez um possível comprador não possa pagar mais de 244 mil e todos os envolvidos podem saber que você comprou a casa há pouco tempo por apenas 235 mil. Nessa situação, quando você tem o poder de produzir um acordo e o comprador não, os corretores e qualquer outra pessoa na sala podem querer pressioná-lo. No entanto, seu resultado mínimo predeterminado pode evitar que você tome uma decisão da qual se arrependerá mais tarde.

Se estiver negociando em parceria com alguém, chegar a uma decisão conjunta sobre o resultado mínimo ajuda a garantir que ninguém indique à outra parte que vocês podem aceitar menos que o valor estipulado. Isso limita a autoridade de um advogado, corretor ou outro agente qualquer. "Consiga o melhor preço que puder, mas você não está autorizado a vender por menos de 260 mil." Se você faz parte de um sindicato de jornalistas negociando com uma associação de editores, um acordo interno apontando o resultado mínimo aceitável reduz o risco de o sindicato se sentir dividido diante de ofertas abaixo do suficiente.

Mas a proteção oferecida pela adoção de um resultado mínimo é onerosa. Ela limita sua capacidade de tirar proveito das descobertas durante a negociação. Por definição, um resultado mínimo é uma posição que não deve ser alterada. Você tapa os ouvidos e decide de antemão que nada que a outra parte diga pode fazer você aumentar ou diminuir o resultado mínimo.

A definição de um resultado mínimo também inibe a imaginação, pois diminui o incentivo para a descoberta de uma solução sob medida que concilie diferentes interesses de forma mais vantajosa para você e para a outra parte. Quase toda negociação envolve mais de uma variável. Em vez de simplesmente vender sua propriedade por 260 mil, você pode atender melhor aos seus interesses aceitando 235 mil com prioridade de recompra, prazo maior para o fechamento do negócio, direito de usar o celeiro como espaço de armazenamento por dois anos e opção de recomprar dois hectares de pasto. Utilizando um resultado mínimo, provavelmente você não explorará soluções criativas como essa. Por sua natureza rígida, um resultado mínimo quase sempre é rígido *demais*.

Além disso, é provável que o resultado mínimo estabelecido seja muito alto. Suponha que você esteja sentado à mesa do café da manhã com sua família tentando decidir o preço mínimo aceitável pela casa. Um membro sugere 200 mil. Outro responde: "Pelo menos 240 mil." Um terceiro diz: "Só 240 mil pela *nossa* casa? Seria um roubo. Ela vale pelo menos 300 mil." Quem entre as pessoas sentadas à mesa faria objeção ao último valor, sabendo que se beneficiará de um preço mais alto? Uma vez decidido, esse resultado mínimo pode ser difícil de mudar e impedir que você venda a casa numa situação em que deveria. Em outras circunstâncias, um resultado mínimo pode ser muito baixo; em vez de vender por esse valor, talvez fosse melhor alugar.

Em resumo, embora definir um resultado mínimo possa protegê-lo de aceitar um acordo muito ruim, também pode impedir você de criar e de concordar com uma solução que seria sensato aceitar. Um valor definido arbitrariamente não é uma medida do que você deve aceitar.

Existe uma alternativa ao resultado mínimo? Existe uma medida para proteger você de aceitar um acordo que deveria rejeitar e, ao mesmo tempo, de rejeitar um acordo que deveria aceitar? Existe.

Conheça sua BATNA. Quando uma família está decidindo o preço mínimo de sua casa, a pergunta certa a fazer não é o que "devem" conseguir, mas o que farão se, até determinado momento, não tiverem vendido a casa. Vão mantê-la no mercado indefinidamente? Vão alugá-la, demoli-la e transformar o terreno em estacionamento, deixar que outra pessoa more nela sem pagar aluguel desde que a entregue pintada ou o quê? Considerando todas as alternativas, qual é a mais atraente? E como essa alternativa se compara à melhor oferta recebida pela casa? Pode ser que uma dessas alternativas seja mais interessante do que vender a casa por 260 mil. Por outro lado, vender a casa por apenas 224 mil pode ser melhor do que mantê-la indefinidamente. É muito improvável que qualquer resultado mínimo definido de maneira arbitrária reflita os interesses da família.

Quando negociamos, o objetivo é produzir algo melhor que os resultados que poderiam ser obtidos sem uma negociação. Que resultados são esses? Que alternativa é essa? Qual é a sua Batna (*Best Alternative To a Negotiated Agreement*)? –, ou sua Melhor Alternativa a um Acordo Negociado? *Esse* é o critério pelo qual qualquer acordo proposto deve ser avaliado, o único que pode proteger você de aceitar condições muito desfavoráveis e de rejeitar termos que seriam de seu interesse.

Sua Batna não só é um critério mais eficaz na negociação como tem a vantagem de ser flexível o suficiente para permitir a exploração de soluções criativas. Em vez de descartar qualquer solução que não alcance o resultado mínimo que você definiu, compare a proposta recebida à sua Batna e descubra se ela atende melhor a seus interesses.

A insegurança que surge quando não conhecemos nossa Batna. Se você não pensou com cuidado no que fará caso não chegue a um acordo, está negociando de olhos fechados. Você pode, por exemplo, ser muito otimista e presumir que tem diversas escolhas: outras casas à venda, outros compradores para seu carro usado, outros encanadores, outros trabalhos disponíveis, outros atacadistas, etc. Mesmo que você tenha determinado sua alternativa, pode ter uma visão muito otimista das consequências de não se chegar a um acordo; pode não estar considerando todo o sofrimento que é passar por uma ação judicial, um divórcio litigioso, uma greve, uma corrida armamentista ou uma guerra.

Um erro muito comum é ver suas alternativas como um todo. Você pode estar dizendo a si mesmo que, se não chegar a um acordo sobre o salário para determinado emprego, ainda pode se mudar para outra cidade, voltar a estudar, escrever, trabalhar em uma fazenda, se mudar para Paris ou fazer qualquer outra coisa. É provável que você ache a soma dessas alternativas mais atraente do que trabalhar por um salário específico em um emprego fixo. O problema é que você não pode ter a soma dessas alternativas; se não chegar a um acordo sobre o salário, terá que escolher apenas um outro caminho.

Na maioria das circunstâncias, porém, o maior perigo é você estar comprometido demais em chegar a um acordo. Quando não desenvolve uma alternativa a uma solução negociada, você se sente indevidamente pessimista sobre o que acontecerá caso a negociação seja interrompida.

Por mais valioso que seja conhecer sua Batna, você pode hesitar em explorar alternativas. Você espera que este comprador ou o próximo façam uma boa oferta pela casa, assim evita pensar no que fazer se não chegar a um acordo. Pode pensar: "Vamos negociar primeiro e ver o que acontece. Se as coisas não derem certo, então penso no que fazer." Mas ter pelo menos uma possibilidade de resposta a essa pergunta é essencial caso você queira conduzir suas negociações com inteligência. Para saber se deve ou não concordar com uma proposta é preciso conhecer seu nível de interesse pela melhor alternativa disponível.

Crie um sistema de alarme. Embora a Batna seja a verdadeira medida pela qual se deve avaliar qualquer acordo, você pode querer realizar outro teste. Por isso, para alertá-lo antecipadamente de que um acordo tem grande chance de ser pouco atraente, identifique um acordo que esteja longe de ser perfeito, mas, ao mesmo tempo, seja melhor que sua Batna. Antes de aceitar qualquer acordo pior do que aquele que servirá de alarme, faça uma pausa e reavalie a situação. Assim como um resultado mínimo, o sistema de alarme pode limitar a autoridade de um agente. "Não venda por menos de 258 mil antes de falar comigo. Esse foi o preço que paguei acrescido dos impostos."

O sistema de alarme funciona como uma margem reserva. Caso você chegue a esse ponto numa negociação e decida pedir a participação de um mediador, terá deixado uma margem com a qual ele poderá trabalhar.

Aproveite ao máximo seus ativos

Proteger-se de um acordo ruim é uma coisa. Aproveitar ao máximo os ativos que você possui para chegar a um bom acordo é outra. Como fazer isso? Mais uma vez, a resposta está na Batna.

Quanto melhor sua Batna, maior seu poder. As pessoas pensam que o poder de negociação é determinado por recursos como riqueza, conexões políticas, força física, amigos e poderio militar. Na verdade, porém, o poder de negociação depende sobretudo de quão atraente é a opção de não chegar a um acordo.

Considere um turista rico que quer comprar um vaso de metal de uma vendedora na estação de trem em Mumbai. A vendedora pode ser pobre, mas provavelmente conhece o mercado. Se não vender o vaso a esse turista, outro o comprará. Com sua experiência, é capaz de estimar quando e por quanto pode vendê-lo. O turista pode ser rico e "poderoso", mas nessa negociação será a parte mais fraca, a não ser que saiba aproximadamente quanto custa e quão difícil é encontrar um produto semelhante em outro lugar. É quase certo que ele perderá a chance de comprar o vaso ou que até conseguirá adquiri-lo, mas pagará muito caro. A riqueza do turista não fortalece seu poder de negociação. Aliás, se estiver claro que ele é rico, sua capacidade de comprar o vaso a um preço baixo *diminuirá*. Para converter a riqueza em poder de negociação, o turista teria que aplicá-la para descobrir o preço de um vaso semelhante ou melhor em outro lugar.

Pense em como você se sentiria fazendo uma entrevista de emprego sem nenhuma outra oferta de trabalho – apenas alguns contatos incertos. Pense em como seria a conversa sobre salário. Agora, compare com a maneira como se sentiria se tivesse duas outras ofertas de emprego. Como seria a negociação salarial? A diferença é o poder.

O que vale para negociações entre indivíduos vale para negociações entre organizações. O poder de negociação relativo de uma grande indústria e de uma pequena cidade tentando aumentar os impostos sobre a fábrica é determinado não pelo tamanho do orçamento ou pela influência política de cada parte, mas pela melhor alternativa de cada lado. Certa vez, uma cidadezinha negociou com a fábrica de uma corporação instalada nos arredores de seu perímetro urbano um aumento de contribuição voluntária de 300 mil para 2,3 milhões de dólares por ano. Como?

A cidade sabia exatamente o que faria se não houvesse acordo: expandiria os limites da área urbana da cidade para incluir a fábrica e depois a taxaria com o imposto imobiliário total de cerca de 2,5 milhões de dólares por ano. A empresa tinha se comprometido a manter a fábrica na cidade; não havia desenvolvido nenhuma alternativa para chegar a um acordo. À primeira vista, a corporação parecia ter muito poder de negociação. Fornecia a maioria dos empregos da cidade, que sofria uma crise econômica – o fechamento ou a transferência da fábrica teria gravíssimas consequências para a cidade. E os impostos que a corporação pagava ajudavam a manter os salários dos próprios políticos que estavam pedindo o aumento de contribuição. No entanto, nenhum desses fatores se mostrou útil, porque não se converteu em uma boa Batna. Com uma Batna poderosa, a cidadezinha tinha mais capacidade de influenciar o resultado da negociação do que uma das maiores corporações do mundo.

Desenvolva sua Batna. Uma investigação profunda do que você vai fazer se não chegar a um acordo pode fortalecer muito sua posição. Alternativas atraentes não caem do céu; geralmente é preciso desenvolvê-las. A criação de possíveis Batnas requer três ações: (1) elaborar uma lista de ações que você pode realizar se não houver acordo; (2) desenvolver algumas das ideias mais promissoras e convertê-las em alternativas práticas; e (3) selecionar, provisoriamente, a que lhe parecer melhor.

A primeira ação é inventar. Se, até o fim do mês, a Empresa A não fizer uma oferta de emprego satisfatória, o que você pode fazer? Aceitar um emprego na Empresa B? Procurar emprego em outra cidade? Começar seu próprio negócio? O que mais? Em tese, entre as alternativas para um acordo entre sindicato e empresa estão: convocar uma greve, trabalhar sem contrato, dar um aviso de 60 dias para uma greve, pedir a presença de um mediador e convocar os membros a fazer apenas o que está previsto em contrato de forma lenta, reduzindo a produção.

A segunda etapa é desenvolver as melhores ideias e transformar as mais promissoras em alternativas reais. Se você está pensando em trabalhar em outra cidade específica, tente transformar essa ideia em pelo menos uma oferta de trabalho lá. Quando tiver uma oferta de emprego (ou mesmo se descobrir que não é capaz de receber uma), você estará muito mais bem preparado para avaliar os méritos de uma oferta em outra cidade. Mesmo que ainda esteja em fase de negociações com a empresa, um sindicato deve estar preparado para convocar um mediador e até paralisar as atividades operacionais mais importantes. Caso não alcance um acordo, o sindicato pode, por exemplo, fazer uma votação entre os membros para autorizar uma greve.

O último passo no desenvolvimento de uma Batna é selecionar a melhor alternativa disponível. Se não chegar a um acordo nas negociações, quais de suas alternativas realistas você pretende seguir?

Ao fim dessas etapas, você terá uma Batna. Avalie cada oferta com base nela. Quanto melhor sua Batna, maior sua capacidade de melhorar os termos de qualquer acordo negociado. Você se sentirá mais confiante se souber de antemão o que fazer caso a negociação não produza um acordo. É mais fácil interromper as negociações se você sabe que direção poderá tomar. Quanto maior sua disposição de interromper as negociações, mais vigorosamente poderá apresentar seus interesses e as bases sobre as quais acredita que o acordo deve ser fechado.

Para saber se é conveniente revelar sua Batna, avalie o pensamento da outra parte. Se sua Batna é extremamente atraente – se você tem outro comprador esperando na sala ao lado –, é interessante informá-la. Se ele acha que você não tem uma boa alternativa quando na verdade você tem, então é quase certo que deve informá-lo. No entanto, se sua melhor alternativa for pior do que eles pensam, revelá-la vai enfraquecer sua posição, ao invés de fortalecê-la.

Considere a Batna da outra parte. Você também deve pensar sobre as alternativas disponíveis para o outro lado. Quanto mais você puder descobrir a respeito delas, mais bem preparado estará para a negociação. Conhecendo essas alternativas, você pode fazer uma estimativa realista do que esperar da negociação.

Eles podem estar indevidamente otimistas sobre o que é possível fazer se não chegarem a um acordo. Talvez tenham uma vaga ideia de que possuem muitas alternativas e estão sob a influência da soma de todas elas. Caso pareça que estão superestimando a própria Batna, ajude-os a pensar se essa expectativa é realista.

A Batna deles pode ser melhor para eles do que qualquer solução justa que você possa imaginar. Suponha que você pertença a um grupo comunitário preocupado com possíveis gases nocivos a serem emitidos por uma usina em construção. A Batna da empresa de energia é ignorar completamente seus protestos ou deixá-lo falando enquanto terminam de construir a fábrica. Para fazê-los levar suas preocupações a sério, talvez seja preciso abrir um processo para revogar a licença de construção. Em outras palavras, se a Batna da outra parte é tão boa que eles não veem necessidade de negociar os méritos, reflita sobre o que você pode fazer para mudá-la.

Se ambos os lados tiverem boas Batnas, o melhor resultado da negociação – para ambas as partes – pode ser não fechar um acordo. Nesses casos, uma negociação bem-sucedida é aquela em que ambos os lados descobrem, de forma amistosa e eficiente, que a melhor maneira de atender a seus respectivos interesses é explorar outras possibilidades e parar de tentar chegar a um acordo.

Quando o outro lado é poderoso

Caso o outro lado esteja bem armado, o ideal é não transformar a negociação numa guerra. Quanto mais fortes eles parecerem em termos de poder físico ou econômico, mais você se beneficiará negociando com base nos méritos da questão. Se eles têm músculos e você tem princípios, quanto maior o papel que você puder atribuir aos princípios, melhor.

Ter uma boa Batna pode ajudá-lo a negociar com base nos méritos. Ao desenvolvê-la e melhorá-la, você pode converter recursos em poder de negociação. Aplique conhecimento, tempo, dinheiro, conexões e inteligência na criação da melhor solução para você, independentemente do consentimento do outro lado. Quanto mais tranquilamente você puder dar as costas para uma negociação, maior será sua capacidade de afetar o resultado dela.

Desenvolver sua Batna, portanto, lhe permite não só determinar qual é o acordo minimamente aceitável como também aumentar esse mínimo. Desenvolver sua Batna talvez seja a atitude mais eficaz que você pode tomar para lidar com um negociador aparentemente mais poderoso.

7

E se o outro lado não entrar no jogo?

(Use o jiu-jítsu da negociação)

Falar sobre interesses, opções e critérios pode ser um jogo prudente, eficiente e amistoso, mas e se o outro lado não quiser jogá-lo? Enquanto você tenta discutir interesses, eles podem apresentar a própria posição e se mostrar irredutíveis. Você pode estar preocupado em desenvolver acordos para maximizar os ganhos de ambas as partes, mas eles podem atacar suas propostas, preocupados apenas em aumentar os próprios ganhos. Você pode atacar os méritos do problema; eles podem atacar você. O que fazer para que a outra parte pare de negociar posições e passe a negociar com base nos méritos?

Existem três abordagens básicas para direcionar a atenção deles para os méritos. A primeira é baseada no que *você* pode fazer. Você mesmo pode se concentrar nos méritos em vez de nas posições. Este método, o assunto deste livro, é contagiante; ele mantém aberta a perspectiva de sucesso para negociadores concentrados em interesses, opções e critérios. Na verdade, você pode mudar o jogo simplesmente começando a jogar um novo.

Se isso não funcionar e eles continuarem negociando posições, você pode recorrer a uma segunda estratégia, que se concentre no que *eles* podem fazer. Com isso, rebate os movimentos básicos da negociação de posições, direcionando a atenção do outro lado para os méritos. Chamamos essa estratégia de *jiu-jítsu da negociação.*

A terceira abordagem se concentra no que uma *terceira parte* pode fazer. Se nem a negociação baseada em princípios nem o jiu-jítsu da negociação fizerem o outro lado entrar no jogo, procure incluir uma terceira parte especialista em focar a discussão em interesses, opções e critérios. Talvez a ferramenta mais eficaz que ela possa usar nesse esforço seja o procedimento de texto único.

A primeira abordagem – a negociação baseada em princípios – já foi discutida. O jiu-jítsu da negociação e o procedimento de texto único serão explicados neste capítulo. O capítulo termina com um diálogo inspirado numa negociação real entre proprietário de imóvel e inquilino, detalhando como você pode convencer uma parte resistente a entrar no jogo usando a negociação baseada em princípios combinada com o jiu-jítsu da negociação.

O jiu-jítsu da negociação

Quando o outro lado anuncia uma posição firme, você pode querer criticá-la e rejeitá-la. Caso sua proposta receba críticas, você pode querer defendê-la e bater o pé. Se for atacado, pode querer se defender e contra-atacar. Em suma, se for agredido, sua tendência será reagir.

O problema é que, ao fazer isso, você está entrando no jogo da negociação de posições. Ao rejeitar a posição do outro lado, você o estimula a se ater a ela. Ao defender sua proposta, *você* se atém a ela. E, ao se defender, desvia o rumo da negociação para uma batalha de personalidades, entrando num círculo vicioso de ataque e defesa, desperdiçando tempo e energia em um vaivém inútil.

Se reagir não funciona, o que funciona? Como evitar o ciclo de ação e reação? *Não reagindo.* Quando eles declararem suas posições, não os rechace. Quando atacarem suas ideias, não as defenda. Quando atacarem você, não contra-ataque. Quebre o círculo vicioso se recusando a reagir. Esquive-se do ataque e direcione-o para o problema. Como no judô e no jiu-jítsu, evite um confronto direto de sua força contra a deles; em vez disso, esquive-se e use a força deles a favor de seus objetivos. Canalize a força deles para explorar interesses, criar opções de ganho mútuo e procurar critérios independentes.

Como o jiu-jítsu da negociação funciona na prática? Como se esquivar de um ataque e desviá-lo para o problema?

Em geral, o "ataque" da outra parte consistirá em três manobras: afirmação enérgica da posição, ataque às suas ideias e ataque a você. Vejamos como um negociador baseado em princípios pode lidar com cada uma dessas situações.

Não ataque a posição deles; olhe além dela. Quando o outro lado apresentar uma posição, não a rejeite nem a aceite. Trate-a como uma das opções possíveis. Procure os interesses por trás dela, busque os princípios que ela reflete e pense em formas de aprimorá-la.

Digamos que você represente uma associação de professores que estão reivindicando aumento de salário e que o único critério para demissões seja o tempo de cargo. A diretoria da escola propôs um aumento de 2 mil dólares no salário anual para todo o corpo docente e quer manter o direito de decidir unilateralmente quem será demitido. Investigue a posição deles para descobrir os interesses que estão por baixo da superfície. "Quais são as compensações orçamentárias necessárias para um aumento de mais 2 mil de salário por ano?" "Por que vocês sentem necessidade de manter controle total sobre as demissões?"

Suponha que cada posição que eles assumem seja uma tentativa legítima de atender às preocupações básicas de cada lado; pergunte como eles acham que isso resolve o problema. Trate a posição deles como uma opção e examine objetivamente até que ponto ela atende aos interesses de cada parte ou como pode ser melhorada. "Como um aumento de 2 mil no ano manterá os salários da escola competitivos com outras instituições da região, garantindo que os alunos tenham professores de alta qualidade?" "Como você pode convencer os professores de que seu procedimento de avaliação para demissões será justo? Acreditamos que você seja justo, mas o que acontece se você for embora? Como podemos deixar nosso ganha-pão e o bem-

-estar de nossas famílias a cargo de uma decisão potencialmente arbitrária?"

Procure e discuta os princípios subjacentes às posições do outro lado. "Qual é a teoria que faz com que 2 mil seja um aumento justo? Está baseada no que outras escolas pagam ou no que outros professores, com qualificações semelhantes, recebem?" "Quem você acha que deveria ser demitido primeiro: os professores menos experientes ou os mais experientes, com salários mais altos?"

Para instigá-los a melhorar as opções, discuta com eles o que aconteceria se uma das opções fosse aceita. Em 1970, um advogado americano teve a chance de entrevistar o presidente do Egito, Gamal Abdel Nasser, sobre o conflito árabe-israelense. "O que você quer que [a primeira-ministra de Israel] Golda Meir faça?"

– Que se retire! – respondeu Nasser.

– Que se retire? – perguntou o advogado.

– Que se retire de cada centímetro do território árabe!

– Sem um acordo? Sem que você ofereça nada em troca? – indagou o americano, incrédulo.

– Nada. Esse território é nosso. Ela deve prometer se retirar.

– O que aconteceria com Golda Meir se amanhã ela se pronunciasse no rádio e na TV de Israel dizendo: "Em nome do povo de Israel, prometo me retirar de cada centímetro do território ocupado em 1967: a península do Sinai, a Faixa de Gaza, a Cisjordânia, Jerusalém, as Colinas de Golã. E quero que saibam que não tenho qualquer tipo de compromisso da parte dos árabes."

Nasser desatou a rir.

– Ah, ela teria *problemas* em casa.

Compreender que a opção oferecida a Israel era irreal pode ter contribuído para que, naquele mesmo dia, Nasser se declarasse disposto a aceitar um cessar-fogo.

Não defenda suas ideias; em vez disso, peça críticas e conselhos. Nas negociações, gasta-se muito tempo com críticas. Em vez de resistir às críticas do outro lado, peça-as. Em vez de requisitar que aceitem ou rejeitem determinada ideia, pergunte o que há de errado com ela. "Que preocupações suas essa proposta salarial não leva em conta?" Avalie o que eles consideram negativo para descobrir os interesses subjacentes e aprimorar suas próprias ideias segundo o ponto de vista deles. Retrabalhe-as à luz do que você aprender e, assim, faça com que a crítica deixe de ser um obstáculo ao acordo e se torne um ingrediente essencial do processo. "Se entendi bem, você está dizendo que não pode se dar ao luxo de dar a 750 professores um aumento acima de 2 mil dólares por ano. E se aceitarmos isso com a condição de que qualquer dinheiro economizado pela contratação de menos de 750 professores em horário integral será distribuído como bônus mensal para os professores na ativa?"

Outra maneira de canalizar as críticas para uma direção construtiva é reverter a situação e pedir conselhos à outra parte. Pergunte o que eles fariam se estivessem no seu lugar. "Se o emprego de vocês estivesse em jogo, o que fariam? Os professores estão se sentindo tão inseguros com relação ao emprego e tão frustrados com a redução do orçamento que estão falando em pedir para serem representados por um sindicato. Se você estivesse liderando essa associação, como agiria?" Assim, você os leva a enxergar seu lado do problema e talvez eles criem uma solução que atenda às suas preocupações. "Parte do problema parece ser que os professores têm a sensação de que não estão sendo ouvidos. Ajudaria se começássemos a marcar reuniões regulares entre professores e diretoria?"

Reformule um ataque a você como um ataque ao problema. Quando o outro lado lançar um ataque pessoal contra você – algo muito comum –, resista à tentação de se defender ou de revidar. Em vez disso, relaxe e deixe-o desabafar. Escute, mostre que entende o que ele está dizendo e, ao fim, reformule o ataque a você como um ataque ao problema. "Quando você diz que uma greve mostra que não nos importamos com as crianças, percebo sua preocupação com a educação delas. Quero que saiba que compartilhamos essa preocupação: são nossos filhos e nossos alunos. Queremos que a greve termine para poder voltar a educá-los. O que nós dois podemos fazer agora para chegar a um acordo o mais rápido possível?"

Pergunte e faça uma pausa. Os especialistas no jiu-jítsu da negociação usam duas ferramentas-chave. A primeira é fazer perguntas em vez de declarações. Declarações geram resistência, ao passo que perguntas geram respostas. Perguntas permitem que o outro lado mostre seus argumentos e que você os entenda. Apresentam desafios e podem ser usadas para fazer o outro lado enfrentar o problema. Perguntas não dão ao outro um alvo ou uma posição a ser atacada. Perguntas não criticam, educam. "Você acha melhor ter professores cooperando em um processo do qual se sentem parte ou resistindo a um processo que sentem que lhes foi imposto, sem ter suas preocupações levadas em conta?"

O silêncio é uma das suas melhores armas. Use-o. Se o outro lado fez uma proposta irracional ou um ataque que você considera injustificado, a melhor coisa a fazer pode ser simplesmente ficar sentado sem dizer uma palavra.

Se você fez uma pergunta honesta e o outro deu uma resposta insuficiente, apenas espere. As pessoas tendem a se sentir desconfortáveis com o silêncio, especialmente se tiverem dúvidas sobre a validade de algo que disseram. Por exemplo, se um representante dos professores perguntar: "Por que os professores não podem opinar sobre a política de demissão?", o presidente do conselho escolar pode se ver perdido: "Demissões são uma questão puramente administrativa... Bem, é claro que os professores têm interesse na política de demissões, mas eles não estão qualificados para saber quem é um bom professor... O que eu quero dizer é..."

Muitas vezes, o silêncio cria a impressão de um impasse que seu interlocutor se sente impelido a romper respondendo à sua pergunta ou fazendo uma nova sugestão. Quando concluir uma pergunta, faça uma pausa. Não salve a pele dele emendando outra pergunta ou um comentário logo na sequência. Algumas das negociações mais eficazes que você fará acontecerão quando não estiver falando.

Considere o procedimento de negociação de texto único

Provavelmente você só acionará uma terceira parte se não tiver conseguido mudar o jogo da negociação de posições para a negociação baseada em princípios. O problema que você enfrenta pode ser ilustrado por uma simples história de negociação entre marido e mulher que planejam construir uma nova casa.

A esposa está pensando numa casa de dois andares com lareira e janelas amplas. O marido está pensando numa casa moderna de um andar, estilo de fazenda, com uma sala de lazer e uma garagem com muito espaço para guardar suas coisas. No processo de negociação, cada um faz ao outro uma série de perguntas como "O que você imagina para a sala de estar?" e "Você realmente insiste em que seja do seu jeito?". Ao responderem a perguntas como essas, os planos distintos se tornam mais e mais fixos. Cada um pede a um arquiteto que prepare, primeiro, um esboço, depois plantas mais detalhadas, se enraizando em suas respectivas posições. A esposa pede flexibilidade, e o marido concorda em reduzir o comprimento da garagem em 30 centímetros. O marido insiste, e a esposa concorda em abrir mão da varanda dos fundos, que ela diz que sempre quis mas nem sequer apareceu no projeto dele. Cada um defende o próprio projeto e ataca o outro. Nesse processo, ambos acabam com os sentimentos feridos e a comunicação torna-se difícil. Nenhum dos lados quer ceder, já que isso provavelmente só levará a mais pedidos de concessões.

Esse é um caso clássico de negociação de posições. Se você não é capaz de mudar o processo e buscar uma solução com base nos méritos, talvez uma terceira pessoa consiga. Um mediador pode separar as pessoas do problema e direcionar a discussão para interesses e opções com mais facilidade do que as partes diretamente envolvidas. Além disso, ele é capaz de sugerir uma base imparcial para resolver as diferenças. Uma terceira pessoa também pode separar a criação de soluções da tomada de decisões, reduzir o número de decisões necessárias para chegar a um acordo e esclarecer às partes o que obterão quando se decidirem. Um processo projetado para que essa terceira parte faça tudo isso é o *procedimento de texto único*.

Nesse exemplo, um arquiteto independente é chamado para ver os projetos que refletem as posições do marido e da mulher. Nem todas as terceiras partes se comportarão de maneira inteligente. Um arquiteto, por exemplo, pode pedir às partes que esclareçam suas posições, pressioná-las a fazer uma longa série de concessões e torná-las ainda mais ligadas emocionalmente a suas soluções particulares. Mas um arquiteto usando o procedimento de texto único se comportaria de outra maneira. Em vez de fazer perguntas sobre as posições de cada um, perguntaria sobre seus interesses: não o tamanho da janela que a mulher quer, mas por que ela quer a janela. "É para o sol da manhã ou da tarde? Ela é para olhar a partir de fora ou de dentro?" Ele indagaria ao marido: "Por que você quer uma garagem? O que você precisa guardar? O que espera fazer na sala de lazer: ler, assistir à televisão, receber amigos? Quando vai usar essa sala? Durante o dia? Nos fins de semana? À noite?" E assim por diante.

O arquiteto deixa claro que não está pedindo a nenhum dos cônjuges que abandone sua posição, apenas explorando a possibilidade de fazer uma recomendação – mas nem isso é garantido. Nesse estágio, ele só quer entender o que for possível sobre as necessidades e os interesses do casal.

Mais tarde, o arquiteto desenvolve uma lista de interesses e necessidades dos cônjuges ("sol da manhã, lareira aberta, lugar confortável para ler, espaço para marcenaria, lugar para guardar o cortador de grama e um carro de tamanho médio", etc.). Depois pede que cada cônjuge opine sobre a lista e sugira melhorias. É difícil fazer concessões, mas é fácil fazer críticas.

Dias depois, o arquiteto volta com um esboço da planta. "Pessoalmente, estou insatisfeito, mas antes de continuar achei melhor ouvir a opinião de vocês. O que há de errado aqui?" O marido pode dizer: "O que há de errado? Para começar, o banheiro está muito longe do quarto. Não estou vendo espaço suficiente para meus livros. E onde os hóspedes vão dormir?" As críticas da esposa ao primeiro esboço também são ouvidas.

Pouco tempo depois, o arquiteto volta com um segundo esboço e novamente pede críticas. "Tentei resolver o problema do banheiro e o dos livros. A sala de lazer também será um quarto extra para os hóspedes. Com isso, ganhamos espaço de armazenamento. O que acham?" À medida que o projeto toma forma, cada cônjuge tende a levantar as questões mais importantes, não os detalhes triviais. Sem fazer concessões, a esposa, por exemplo, vai querer garantir que o arquiteto compreenda plenamente suas principais necessidades. Nenhum ego, nem o do arquiteto, se comprometerá com qualquer esboço. Inventar a melhor forma possível de conciliar interesses dentro das possibilidades financeiras é diferente de tomar decisões, e não há risco de ninguém assumir um compromisso precipitadamente. Marido e mulher não precisam abandonar suas posições, mas agora se sentam lado a lado, criticando juntos os projetos à medida que eles tomam forma e ajudando o arquiteto a criar algo que será proposto mais tarde.

E assim o processo continua, com um terceiro, um quarto e um quinto esboço. Por fim, quando sente que não pode melhorar mais o projeto, o arquiteto diz: "Isso é o melhor que posso fazer. Tentei conciliar os interesses de ambos da melhor forma possível. Resolvi muitas das questões analisando precendentes, usando soluções básicas de arquitetura e engenharia e toda a minha capacidade de julgamento profissional. Aqui está. Recomendo que aceitem este projeto."

Agora, cada cônjuge tem apenas uma decisão a tomar: aceitar ou não. Ao decidir, eles saberão exatamente o que vão obter. Uma resposta positiva pode acabar influenciando o outro lado a também dizer sim. O procedimento de texto único não apenas desvia o jogo da negociação de posições como simplifica o processo de criar opções e o de escolher uma delas.

Em outras negociações, quem pode desempenhar o papel do arquiteto? Você pode convidar uma terceira parte para ser a mediadora. Ou, em negociações envolvendo mais de duas partes, a terceira parte pode ser um participante mais interessado em efetivar o acordo do que em estabelecer os termos específicos.

Em muitas negociações, essa pessoa pode ser você. Você pode ser o representante de vendas de uma fábrica de plásticos negociando uma grande encomenda com uma fábrica de garrafas. O cliente pode querer um tipo especial de plástico, mas talvez você esteja relutante em fazer as adaptações necessárias para atender ao pedido. Sua comissão depende mais do fechamento do acordo do que dos termos dele. Ou você pode ser um parlamentar mais preocupado com a aprovação da lei orçamentária do ano seguinte do que com o valor do orçamento em si. Ou um gerente com dois subordinados que estão defendendo ações diferentes; você está mais interessado em tomar uma decisão com a qual ambos possam conviver do que com a alternativa escolhida. Em cada um desses casos, mesmo que você seja um participante ativo da negociação, talvez seja melhor se comportar como mediador e usar o procedimento de texto único. Seja o mediador de sua própria disputa.

Talvez a situação mais notória do uso desse método tenha acontecido em setembro de 1978, quando os Estados Unidos mediaram as negociações entre Egito e Israel na cúpula de Camp David. Os Estados Unidos ouviram os dois lados, prepararam um rascunho com o qual nenhuma das partes tinha qualquer comprometimento, pediram críticas e melhoraram o texto diversas vezes até sentirem que não poderiam mais aprimorá-lo. Após 13 dias e 23 rascunhos, os Estados Unidos tinham um texto que estavam prontos para recomendar. Quando o presidente Jimmy Carter finalmente o fez, Israel e Egito aceitaram. Como mecanismo técnico para limitar o número de decisões, reduzir a incerteza de cada decisão e impedir que as partes ficassem cada vez mais presas a suas posições, o método funcionou muito bem.

O procedimento de texto único é muito útil para negociações entre duas partes envolvendo um mediador e quase essencial para grandes negociações multilaterais. Duzentos países, por exemplo, não podem discutir de forma construtiva 200 propostas nem fazer concessões que dependam de acordo entre todas as partes. Também é pouco provável que combinar partes de diferentes propostas produza a melhor solução. Quando a negociação é multilateral, as partes precisam simplificar o processo de tomada de decisões sem diminuir a qualidade do resultado. O procedimento de texto único serve a esse propósito.

As negociações do Direito do Mar só começaram a progredir significativamente quando passaram a usar um protótipo desse método criado pelo diplomata veterano Tommy Koh, de Cingapura. Os negociadores foram divididos em grupos para trabalhar em diferentes questões, e os líderes dos grupos discutiram rascunhos, solicitaram críticas e revisaram outros rascunhos dentro do grupo. Um processo similar foi usado pelas partes nas negociações constitucionais sul-africanas que culminaram com o fim do apartheid e criaram uma democracia multilateral inclusiva.[4]

Note que, na maioria das situações, você não precisa do consentimento de ninguém para começar a usar o procedimento de texto único. Basta preparar um rascunho e pedir críticas. Mais uma vez, você pode mudar o jogo simplesmente começando a jogar um novo. Mesmo que o outro lado não esteja disposto a falar com você (ou vice-versa), uma terceira parte pode fazer a proposta circular.

Entrando no jogo: o caso de Jones Realty e Frank Turnbull

O exemplo real a seguir, de uma negociação entre proprietário e inquilino, lhe dará uma ideia de como lidar com alguém que reluta em se envolver numa negociação baseada em princípios. Ele ilustra o que significa mudar o jogo começando a jogar um novo.

---

[4] Curiosamente, na África do Sul os mediadores que utilizaram o método eram talentosos membros da comunidade empresarial sul-africana. Embora esse grupo não fosse neutro, todos entenderam que o principal interesse dele era manter a estabilidade e a prosperidade e evitar uma guerra civil no país, interesses que provavelmente seriam mais fáceis de alcançar se o processo fosse bem-sucedido.

Resumo do caso. Frank Turnbull alugou um apartamento com a Jones Realty em março por 1.200 dólares por mês. Em julho, quando ele e o colega com quem dividia o apartamento quiseram se mudar, Turnbull ficou sabendo que o aluguel do apartamento deveria ser regulado por lei. O valor máximo permitido era de 932 dólares por mês – 268 a menos do que vinham pagando.

Irritado por ter pagado acima do teto, Turnbull ligou para a Jones Realty. No início, a Sra. Jones, dona da empresa, foi hostil e pouco receptiva. Alegou que estava certa e acusou Turnbull de ingratidão e chantagem. Após várias e longas sessões de negociação, porém, concordou em reembolsar Turnbull e seu colega de apartamento. No fim, seu tom se tornou mais amigável e amistoso.

Durante todo o tempo, Turnbull usou o método da negociação baseada em princípios. Apresentamos a seguir uma seleção das interações que ocorreram durante a negociação. Cada uma é encabeçada por uma frase que um negociador baseado em princípios pode usar em qualquer situação semelhante. Após cada interação há uma análise da teoria por trás dela e de seu impacto.

"Por favor, corrija-me se eu estiver errado"

Turnbull: Sra. Jones, acabei de descobrir – por favor, corrija-me se eu estiver errado – que o aluguel do nosso apartamento tem um preço máximo regulado por lei. Segundo disseram, o valor máximo é de 932 dólares por mês. Eles nos deram a informação errada?

Análise. A essência da negociação baseada em princípios está em permanecer aberto a ser persuadido por fatos e princípios objetivos. Ao tratar sua visão dos fatos objetivos com cautela e como possivelmente imprecisas, pedindo à imobiliária que o corrija, Turnbull estabelece um diálogo baseado na razão. Convida a Sra. Jones a participar concordando ou corrigindo os fatos apresentados. Essa abordagem faz com que os dois se posicionem como colegas tentando estabelecer os fatos. O confronto é desativado. Se Turnbull simplesmente afirmasse seus pontos de vista como fatos, a Sra. Jones se sentiria desrespeitada, ameaçada e ficaria na defensiva. Poderia negar os fatos, sobretudo caso achasse que qualquer aspecto do ponto de vista de Turnbull estivesse impreciso ou incompleto. A negociação não começaria de forma construtiva.

Se Turnbull está realmente errado, o fato de ter pedido à Sra. Jones que o corrija de antemão aumenta as chances de ela aceitar as correções com boa vontade. Se você diz à Sra. Jones que estes são os fatos e depois descobre que está errado, faz papel de bobo. Pior: ela passa a duvidar de tudo o mais que você diga, dificultando a negociação.

Mostrar-se aberto a correções e a ser persuadido é um pilar da estratégia da negociação baseada em princípios. Você só consegue convencer o outro lado a aceitar seus princípios e critérios objetivos caso se mostre aberto aos que ele sugere.

"Agradecemos por tudo o que fez por nós"

Turnbull: Paul e eu entendemos que a senhora estava nos fazendo um favor pessoal ao alugar este apartamento. A senhora foi muito gentil em dedicar tempo e esforço, e nós agradecemos por isso.

Análise. Dar apoio à pessoa do outro lado é crucial para separar as pessoas do problema – separar questões de relacionamento dos méritos reais da questão. Ao expressar apreço pelas boas ações da Sra. Jones, Turnbull, de fato, está dizendo: "Não temos nada contra a senhora pessoalmente. Nós a consideramos uma pessoa generosa." Ele se coloca do lado dela. Desarma qualquer ameaça que ela possa sentir à sua autoimagem.

Quando você oferece reconhecimento e apoio, sugere que a pessoa continuará a merecê-los. Com o elogio de Turnbull, a Sra. Jones passa a ter um pequeno compromisso emocional com ele. Ela tem algo a perder e, como resultado, pode adotar um comportamento mais conciliador.

"Só queremos o que for justo"

Turnbull: Queremos ter certeza de que não pagamos mais do que devíamos. Quando nos convencermos de que o valor do aluguel era justo, encerraremos o assunto e nos mudaremos.

Análise. Turnbull assume uma posição baseada em princípios e anuncia a intenção de se manter fiel a ela; precisa ser convencido com base nos princípios. Ao mesmo tempo, informa à Sra. Jones que pode ser convencido com uma argumentação baseada em princípios. Dessa forma, só resta a ela argumentar com ele em busca de seus interesses.

Turnbull não se apoia no poder que possui para assumir uma posição justa baseada em princípios. Não apenas seus fins são baseados em princípios, mas também os meios que vai utilizar. Segundo ele próprio, seu objetivo é descobrir o equilíbrio entre o aluguel pago e o tempo de uso do imóvel. Caso se convença de que o valor pago é o correto pelo tempo de uso, se mudará. Mas, se tiver pagado a mais, é justo que permaneça no apartamento de graça até que o aluguel e o tempo estejam em equilíbrio.

"Queremos resolver o assunto não com base no poder de cada parte, mas em critérios independentes"

Sra. Jones: Engraçado você falar de justiça, porque me parece que você e Paul só estão atrás de dinheiro e vão aproveitar o fato de ainda estarem no apartamento para tentar lucrar à nossa custa. Isso me deixa furiosa. Se dependesse de mim, você e Paul deixariam o apartamento hoje mesmo.

Turnbull (mal controlando a raiva): Acho que não fui claro. É óbvio que seria legal Paul e eu lucrarmos com a situação. É óbvio que poderíamos tentar ficar aqui no apartamento até você nos despejar. Mas essa não é a questão, Sra. Jones.

Para nós, mais importante do que ganhar alguns dólares é a sensação de sermos tratados com justiça. Ninguém gosta de se sentir enganado. E, se quiséssemos transformar isso numa questão de quem tem o poder e nos recusássemos a sair, teríamos que ir ao tribunal, perderíamos muito tempo e dinheiro e teríamos uma grande dor de cabeça. E a senhora também. Quem quer isso?

Só queremos resolver o problema de forma justa com base em algum critério independente, e não no que cada parte pode fazer.

Análise. A Sra. Jones se opõe à ideia de negociar com base em princípios e diz que isso é uma farsa. Trata-se de uma disputa de vontades, e a vontade dela é despejar Turnbull e seu colega de quarto imediatamente.

Diante disso, Turnbull quase perde a paciência – e, com ela, o controle sobre a negociação. Ele se sente tentado a contra-atacar: "Quero ver você tentar nos tirar daqui. Nós vamos processá-la." A negociação estaria encerrada, e Turnbull perderia tempo, energia e a paz de espírito. Mas, em vez de reagir, ele mantém o controle e conduz a negociação de volta aos méritos. Esse é um bom exemplo de jiu-jítsu da negociação. Ele se esquiva do ataque da Sra. Jones, assumindo a responsabilidade por ela não ter entendido bem a questão, e tenta convencê-la de seu interesse sincero em se basear em princípios. Turnbull não esconde seus interesses pessoais nem as vantagens que tem contra ela; pelo contrário, deixa tudo explícito. Ao esclarecer esses pontos, ele os separa dos méritos da questão e impede que se tornem um problema.

Turnbull também tenta dar credibilidade à negociação baseada em princípios dizendo à Sra. Jones que esse é o seu código de conduta básico – a maneira como sempre joga. Não atribui essa postura a motivos nobres – que são sempre suspeitos –, mas a simples interesses próprios.

"Não é questão de confiança"

Sra. Jones: Você não confia em mim depois de tudo o que fiz por você?

Turnbull: Sra. Jones, agradecemos tudo o que fez por nós. Para nós, não é questão de confiança. A questão é o princípio: nós pagamos mais do que devíamos? Que considerações acha que devemos levar em conta ao discutir isso?

Análise. A Sra. Jones tenta encostar Turnbull na parede. Ou ele insiste na questão e parece suspeito ou confia nela e cede à vontade da proprietária. No entanto, Turnbull se esquiva, expressando sua gratidão mais uma vez e, em seguida, dizendo que o fator confiança não importa na questão. Turnbull reafirma imediatamente seu apreço pela Sra. Jones mas permanece fiel aos princípios. Com isso, evita conectar os dois pensamentos com a palavra "mas", implicitamente usando "e" no lugar. "Mas", muitas vezes considerada "a grande borracha" dos diálogos, tende a negar a primeira coisa que você disse, dando a entender que apenas uma de duas afirmações pode ser verdadeira e fazendo com que a questão tenha opções excludentes. Já a conjunção "e" ressalta a realidade mais complexa de que ambos os pensamentos podem ser verdadeiros. Isso ajuda a garantir que a Sra. Jones se sinta ouvida e valorizada e evita que ela considere Turnbull injustamente suspeito.

Além disso, em vez de simplesmente deixar de lado a questão da confiança, Turnbull direciona a discussão para os princípios, perguntando à Sra. Jones quais considerações ela acha relevantes.

Turnbull se mantém firme aos princípios sem culpar a Sra. Jones. Em momento algum ele a chama de desonesta. Ele não pergunta: "Você se aproveitou de nós?" Em vez disso, formula a questão de modo mais impessoal: "Nós pagamos mais do que devíamos?" Mesmo que ele não confie na Sra. Jones, dizer isso de maneira explícita seria uma estratégia ruim. Ela provavelmente ficaria na defensiva, irritada e poderia adotar uma postura mais rígida ou mesmo interromper a negociação.

É bom ter frases como "Não é questão de confiança" para desviar de estratégias como o pedido de confiança da Sra. Jones.

"Posso fazer algumas perguntas para ver se as informações estão corretas?"

Turnbull: Posso fazer algumas perguntas para ver se as informações que recebi estão corretas?

O valor do aluguel é mesmo regulado pela prefeitura?

O teto é mesmo de 932 dólares?

Paul me perguntou se estamos infringindo a lei.

Quando Paul assinou o contrato de aluguel, alguém disse a ele que o valor era regulado e que o máximo permitido era 268 dólares mais baixo do que ele concordou em pagar?

Análise. Afirmações podem parecer sermões ou ameaças. Sempre que possível, faça perguntas em vez de declarações.

Turnbull poderia ter dito: "O valor legal do aluguel é 932 dólares. Você infringiu a lei. Pior, você nos envolveu na infração sem nos avisar." A Sra. Jones provavelmente teria reagido de maneira agressiva, dizendo que Turnbull estava apenas fazendo ataques verbais para marcar pontos.

Ao formular cada informação como uma pergunta, Turnbull permite que a Sra. Jones participe, ouça as informações, avalie-as e as aceite ou as corrija. Ele expressa os mesmos dados, mas de maneira menos provocativa. E ameniza ainda mais a situação atribuindo uma pergunta especialmente enfática a seu colega, que não está presente.

Na prática, Turnbull induz a Sra. Jones a ajudar a estabelecer uma base de fatos aceitos por ambos com a qual poderão construir uma solução baseada em princípios.

"Qual é o princípio por trás de sua ação?"

Turnbull: Não entendo bem por que a senhora nos cobrou 1.200 dólares por mês. Quais foram seus motivos para cobrar esse valor?

Análise. Um negociador que se baseia em princípios não aceita nem rejeita as posições da outra parte. Para manter o diálogo focado nos méritos, Turnbull questiona a Sra. Jones sobre as razões que a levaram a adotar determinada posição. Ele não pergunta se houve motivo; pressupõe que há boas razões. Essa suposição lisonjeira leva o interlocutor a buscar motivos para sua atitude, mesmo que não haja nenhum, mantendo a negociação baseada em princípios.

"Deixe-me ver se entendi o que você está dizendo"

Turnbull: Deixe-me ver se entendi o que está dizendo, Sra. Jones. Pelo que pude perceber, a senhora acha que o aluguel que pagamos é justo porque fez vários reparos e melhorias no apartamento desde a última visita do avaliador do controle de aluguel. A senhora julgou que não valia a pena solicitar um reajuste ao Conselho de Controle de Aluguéis pelos poucos meses que nos alugou o apartamento.

Na verdade, a senhora o alugou apenas como um favor a Paul e agora está com medo de tirarmos uma vantagem injusta e tentarmos ganhar dinheiro para sair. Há algo que eu tenha entendido errado ou deixado passar?

Análise. A negociação baseada em princípios exige boa comunicação. Antes de responder aos argumentos da Sra. Jones, Turnbull relata a ela em termos claros o que ouviu para ter certeza de que realmente a entendeu.

Quando ela se sentir compreendida, poderá relaxar e discutir o problema de forma construtiva. A Sra. Jones não pode descartar os argumentos dele alegando que não levam em conta seu lado. Com isso, ficará mais propensa a ouvir e será mais receptiva. Ao tentar resumir seu ponto de vista, Turnbull estabelece um jogo cooperativo em que ambos se certificam de que ele entende os fatos.

"Podemos voltar a conversar?"

Turnbull: Agora que acho que entendi seu ponto de vista, vou conversar com meu colega e explicar tudo a ele. Posso lhe dar um retorno amanhã?

Análise. Um bom negociador raramente toma uma decisão importante na hora. A pressão psicológica para ser gentil e ceder é muito grande. Um pouco de tempo e distância ajudam a desvincular as pessoas do problema.

Um bom negociador chega à mesa com uma razão convincente para sair quando quiser. Essa razão não deve indicar passividade ou incapacidade de tomar uma decisão. Aqui, a impressão é de que Turnbull sabe exatamente o que está fazendo e deseja retomar a negociação no futuro. Mostra não apenas determinação mas controle sobre o curso dos acontecimentos.

Ao suspender a negociação, Turnbull pode checar os pontos de informação e consultar Paul. Pode refletir sobre a decisão e garantir que não perdeu a perspectiva.

Quando as partes passam muito tempo à mesa, pode haver um desgaste do compromisso com a negociação baseada em princípios. Voltando com determinação renovada, Turnbull pode ser gentil com a pessoa e firme com o problema.

"Deixe-me dizer onde estou com dificuldade para seguir seu raciocínio"

Turnbull: Deixe-me dizer onde estou com dificuldade para entender algumas das suas razões para cobrar 268 dólares a mais que o permitido por mês. Uma delas foram os reparos e as melhorias no apartamento. Falei com um agente de controle de aluguel, que me disse que seriam necessários cerca de 30 mil dólares em melhorias para justificar um aumento de 268 dólares por mês. Quanto dinheiro foi gasto em melhorias?

Devo admitir que Paul e eu não temos a impressão de que foram gastos 30 mil aqui. O buraco no piso de linóleo que a senhora prometeu consertar nunca foi reparado, nem o buraco no chão da sala de estar. A descarga da privada vive quebrada. E esses são apenas alguns dos defeitos e avarias que encontramos.

Análise. Na negociação baseada em princípios, você apresenta suas razões antes da proposta. Se os princípios vêm depois, não parecem critérios objetivos a serem satisfeitos por uma proposta, mas meras justificativas para uma posição arbitrária.

O fato de Turnbull explicar suas razões primeiro se mostra aberto a ser persuadido e consciente da necessidade de convencer a Sra.

Jones. Se ele anunciasse a proposta antes, a Sra. Jones provavelmente não se daria ao trabalho de ouvir as razões. Estaria com a cabeça em outro lugar, considerando que objeções e contrapropostas poderia fazer.

Além disso, Turnbull buscou critérios objetivos para apoiar suas preocupações. Ligou para o Conselho de Controle de Aluguéis para quantificar a correlação entre melhorias no imóvel e um aumento de 268 dólares por mês no valor do aluguel. Ao se preparar para a negociação, é bom pensar em quais critérios são úteis, quem pode fornecê-los e como estruturar suas perguntas para obter as informações mais relevantes.

"Uma solução justa poderia ser..."

Turnbull: Levando em conta todas as considerações, uma solução justa parece ser que Paul e eu sejamos reembolsados pela quantia que pagamos além do valor máximo do aluguel. Isso parece justo para a senhora?

Análise. Turnbull apresenta uma proposta não como sendo *sua*, mas como uma opção justa que merece consideração conjunta. Não afirma que essa é a única solução justa, apenas *uma* solução justa. É específico sem se firmar numa posição e abrir espaço para a rejeição.

"Se concordarmos... se discordarmos..."

Turnbull: Se a senhora e eu chegássemos a um acordo agora, Paul e eu nos mudaríamos imediatamente. Do contrário, o agente do Conselho de Controle de Aluguéis sugeriu permanecermos no apartamento e suspendermos o pagamento e/ou processarmos a senhora pedindo o reembolso, o triplo do valor em danos morais, além das custas do processo. Paul e eu estamos extremamente relutantes em tomar qualquer um desses caminhos. Estamos confiantes de que podemos resolver o assunto de modo satisfatório para a senhora e para nós.

Análise. Turnbull está tentando tornar mais fácil para a Sra. Jones aceitar a proposta dele. Então, começa deixando claro que basta ela concordar com sua solução para que os problemas acabem.

A parte mais difícil de comunicar é a alternativa para o caso de não haver acordo. Como Turnbull pode comunicar à Sra. Jones qual é a alternativa a ser considerada sem atrapalhar as negociações? Ele baseia a alternativa no princípio objetivo atribuindo-a a uma autoridade legal – o agente. Ele se distancia pessoalmente da sugestão e não afirma que vai tomar essa atitude, mas deixa a alternativa como uma possibilidade e enfatiza sua relutância em tomar uma medida drástica. Por fim, declara-se confiante em alcançar um acordo satisfatório para ambas as partes.

A Batna de Turnbull – sua melhor alternativa a um acordo negociado – provavelmente não é ficar no apartamento nem abrir um processo. Ele e Paul já alugaram outro apartamento e preferem se mudar imediatamente. Levando em conta as agendas lotadas, abrir um processo seria uma opção complicada, e mesmo que ganhassem talvez demorassem a receber o dinheiro. A Batna de Turnbull provavelmente é apenas se mudar e não se preocupar com os 1.340 dólares pagos a mais. Como sua Batna provavelmente é menos atraente do que a Sra. Jones pensa, Turnbull não a revela.

"Ficaremos felizes em ver se podemos sair quando for mais conveniente para a senhora"

Sra. Jones: Quando vocês planejam se mudar?

Turnbull: Assim que entrarmos num acordo sobre o valor adequado de aluguel pelo tempo que ficamos no apartamento, ficaremos felizes em ver se podemos sair quando for mais conveniente para a senhora. Quando prefere?

Análise. Percebendo a possibilidade de ganhos mútuos, Turnbull demonstra sua disposição de discutir meios de atender ao interesse da Sra. Jones. Ambos desejam que o apartamento seja desocupado o mais rápido possível.

Incorporar os interesses da Sra. Jones ao acordo não só dá a ela mais participação na negociação, mas também lhe permite manter a coerência e a reputação. Por um lado, ela pode se sentir bem em concordar com uma solução justa, mesmo que isso lhe custe dinheiro. Por outro, pode dizer que tirou os inquilinos do apartamento rápido.

"Foi um prazer tratar com você"

Turnbull: Sra. Jones, Paul e eu agradecemos tudo o que fez por nós. Fico feliz que este último problema tenha sido resolvido de forma justa e amigável.

Sra. Jones: Obrigada, Sr. Turnbull. Tenha uma boa mudança.

Análise. Turnbull termina a negociação em tom conciliatório. Por terem lidado com o problema sem misturá-lo com o relacionamento, nenhuma das partes se sente enganada nem ofendida, e é pouco provável que tentem sabotar ou descumprir o acordo. Uma boa relação é mantida para o futuro.

Quer você use a negociação baseada em princípios e o jiu-jítsu da negociação – como fez Frank Turnbull – ou convoque uma terceira parte que utilize o procedimento de texto único, a conclusão permanece a mesma: em geral, é possível fazer a outra parte entrar no jogo da negociação baseada em princípios, mesmo que no começo ela não pareça disposta a isso.

8

E se eles jogarem sujo?

(Domando o negociador difícil)

A negociação baseada em princípios é muito eficaz, mas e se o outro negociador enganá-lo ou tentar pegá-lo desprevenido? E se decidir aumentar as exigências justamente na hora de fechar o acordo?

As pessoas podem usar muitas táticas e truques sujos para tentar se aproveitar de você. Todo mundo conhece alguns desses artifícios. Vão de mentiras e assédio psicológico a diversas formas de pressão. Podem ser ilegais, antiéticas ou apenas desagradáveis. O objetivo é "obter" um ganho substancial numa disputa de vontades não baseada em princípios. É o chamado "jogo sujo".

Quando percebemos que alguém está jogando sujo, costumamos reagir de duas maneiras. A primeira resposta-padrão é suportar quieto. É desagradável criar problemas, então você dá o benefício da dúvida ao outro negociador ou fica com raiva e promete a si mesmo nunca mais negociar com ele. No momento, porém, apenas torce para que tudo dê certo e fica na sua.

A maioria das pessoas reage dessa forma. Elas esperam que, se cederem dessa vez, a outra parte se acalmará e não fará mais pedidos. Às vezes a tática funciona, mas na maioria das vezes, não. Foi assim que Neville Chamberlain reagiu às táticas de negociação de Hitler em 1938. Quando o primeiro-ministro britânico achou que havia fechado um acordo, Hitler aumentou as exigências. Na esperança de evitar a guerra, Chamberlain cedeu. Um ano depois, a Segunda Guerra Mundial eclodiu.

A segunda reação é responder no mesmo nível. Se eles começarem fazendo uma proposta com valor absurdamente alto, você começa com um absurdamente baixo. Se são dissimulados, você também é. Se fazem ameaças, você faz contra-ameaças. Se eles fincam o pé na própria posição, você se mantém ainda mais firme na sua. No final, ou uma parte dá o braço a torcer ou a negociação é interrompida, o que quase sempre acontece.

Essas táticas ardilosas são ilegítimas porque falham no teste da reciprocidade. São projetadas para serem usadas por apenas um lado; o outro não pode conhecê-las, ou se conhece deve tolerá-las conscientemente para que funcionem. Como já dissemos, um modo eficaz de contra-atacar uma proposta unilateral é examinar a legitimidade do princípio que ela reflete. Táticas de jogo sujo são, na verdade, propostas unilaterais sobre o *procedimento* de negociação, sobre o jogo da negociação. Para combatê-las, o ideal é se envolver em negociações baseadas em princípios.

Como negociar as regras do jogo?

Quando o outro lado parece estar jogando sujo, há três etapas na negociação das regras do jogo: reconhecer a tática, apresentar a questão de forma explícita e questionar a legitimidade e a utilidade da tática – negociá-la.

Para agir, porém, primeiro você precisa saber o que está acontecendo. Aprenda a identificar truques específicos utilizados para constrangê-lo e aqueles que prendem a outra parte em sua posição. Muitas vezes, basta reconhecer a tática para neutralizá-la. Perceber, por exemplo, que seu interlocutor está atacando você pessoalmente para prejudicar sua capacidade de julgamento pode frustrar a tentativa dele.

Após reconhecer a tática, considere abordá-la com o outro lado: "Joe, posso estar completamente enganado, mas tenho a sensação de que você e Ted estão usando a tática do policial bom/policial mau contra mim. Se precisarem de um intervalo, é só pedir." Falar às claras sobre a tática não só a torna menos eficaz como pode deixar o outro lado com medo de se indispor com você. O simples ato de fazer uma pergunta sobre uma tática pode ser o suficiente para que deixem de usá-la.

No entanto, o motivo mais importante para você falar explicitamente sobre a tática suja é dar a si mesmo a oportunidade de negociar as regras do jogo. Este é o terceiro passo. Esse tipo de negociação se concentra no procedimento, e não na essência, mas o objetivo continua sendo produzir um acordo sensato (desta vez, sobre o procedimento a ser utilizado) de forma eficiente e amistosa. Não é de surpreender que o método continue sendo o mesmo.

Separe as pessoas do problema. Se perceber que estão jogando sujo com você, não faça ataques pessoais. Do contrário, eles podem ficar na defensiva e não querer desistir da tática, e é bem provável que permaneçam com um vestígio de raiva que contaminará outras questões. Questione a tática, não a integridade de quem a usa. Em vez de dizer: "Você escolheu me colocar de frente para o sol", ataque o problema: "O sol está batendo nos meus olhos e está me incomodando bastante. Se não pudermos resolver esse problema, terei que sair mais cedo para descansar. Devemos revisar o cronograma?" É mais fácil mudar o processo de negociação do que mudar as pessoas com quem você está negociando. Não se desvie da negociação porque quer dar uma lição nelas.

Concentre-se nos interesses, não nas posições. "Por que você está se comprometendo com uma posição extrema diante da imprensa? Está tentando se proteger das críticas? Ou está se protegendo da tentação de mudar sua posição? É do nosso interesse que ambos usemos essa tática?"

Crie opções com possibilidade de ganhos mútuos. Sugira alternativas. "Que tal concordarmos em não dar nenhuma declaração à imprensa até chegarmos a um acordo ou encerrarmos as negociações?"

Insista em usar critérios objetivos. Acima de tudo, seja firme nos princípios. "Há alguma razão para você me oferecer a cadeira mais baixa com as costas para a porta aberta?" Experimente usar o princípio da reciprocidade: "Presumo que você se sentará nesta cadeira amanhã de manhã, certo?" Enquadre o princípio por trás de cada tática como uma "regra" proposta para o jogo. "Vamos alternar derramar café um no outro dia após dia?"

Como último recurso, lembre-se de sua Batna e saia. "Tenho a impressão de que você não está interessado em negociar de uma forma que ambos acreditemos que possa gerar resultados. Aqui está o meu telefone. Caso eu tenha me enganado, estarei pronto para negociar. Até lá, vamos seguir com o processo judicial." Se você está saindo por motivos claramente legítimos – por exemplo, se mentiram sobre os fatos ou sobre a autoridade que de fato têm – e eles realmente tiverem interesse em fazer um acordo, é provável que o chamem de volta à mesa.

Algumas táticas ardilosas comuns

As táticas ardilosas podem ser divididas em três categorias: fraude deliberada, guerra psicológica e táticas de pressão de posição. Você deve estar preparado para lidar com as três. A seguir, explico alguns exemplos comuns de cada tipo e como a negociação baseada em princípios pode ser usada para combatê-los.

Fraude deliberada

Talvez a forma mais comum de jogo sujo seja a distorção de fatos, autoridade ou intenções.

Informações falsas. A maneira mais antiga de enganar durante a negociação é fazer uma declaração conscientemente falsa: "Este carro só rodou 8 mil quilômetros e era de uma idosa que nunca passava de 60 por hora." O perigo de ser enganado por informações falsas é grande. O que fazer?

Separar a pessoa do problema. A menos que você tenha bons motivos para confiar em alguém, não confie. Isso não significa chamar de mentiroso, apenas fazer com que a negociação siga independentemente da confiança. Não permita que suas dúvidas sejam tratadas como ataques pessoais. Nenhum vendedor lhe dará um relógio ou um carro se você disser que tem dinheiro no banco. Assim como o vendedor vai verificar seu crédito ("Porque tem muita gente desonesta por aí"), você pode fazer a mesma coisa com cada declaração do outro lado. A prática de verificar as informações reduz o incentivo à fraude e seu risco de ser enganado.

Autoridade ambígua. A outra parte pode fazê-lo acreditar que, assim como você, tem total autoridade para assumir um compromisso quando na verdade não tem. Ela pode pressionar você o máximo possível para fazê-lo trabalhar no que acredita ser um acordo firme e, no fim, simplesmente anunciar que precisa da aprovação de outra pessoa. É uma tática muito utilizada por quem quer chegar a um acordo mais vantajoso para si.

Não presuma que o outro lado tem plena autoridade só porque está ali negociando com você. Um avaliador de seguros, um advogado ou um vendedor podem fazer você pensar que sua flexibilidade será correspondida pela flexibilidade deles. No fim das contas, porém, você pode descobrir que aquilo que considerava um acordo é tratado pela outra parte como apenas uma base para futuras negociações.

Antes de fazer qualquer tipo de concessão, procure descobrir a autoridade de seu interlocutor. É perfeitamente legítimo perguntar: "Você tem autorização para conduzir esta negociação?" Se a resposta for ambígua, melhor procurar quem tenha autoridade para isso ou explicar que, nesse caso, se reserva a mesma liberdade para reconsiderar qualquer ponto negociado com ele.

Se o outro lado anunciar que tratará o que você considerava ser um acordo como base para futuras negociações, insista na reciprocidade. "Tudo bem. Vamos tratar nossa negociação como um esboço conjunto com o qual nenhum dos lados está comprometido. Você verifica com seu chefe e eu vou refletir para ver se há alguma alteração que eu queira sugerir amanhã." Ou você pode dizer: "Se seu chefe aprovar esse rascunho amanhã, vou cumpri-lo. Do contrário, nós dois devemos ter liberdade para propor alterações."

Uma forma de evitar esse problema é deixar claro, logo no início da negociação, que "nada está acordado até que tudo esteja acordado". Desse modo, qualquer tentativa de reconsiderar um ponto da negociação automaticamente reabrirá todos os outros.

Falsas intenções. Quando você não tem certeza de que a outra parte vai cumprir o acordo, geralmente é possível criar normas no próprio contrato para garantir isso.

Suponha que você seja advogado e esteja representando o lado da ex-esposa em um divórcio. O ex-marido afirma que vai pagar a pensão alimentícia, mas a cliente não acredita. O tempo e a energia gastos para ir ao tribunal todo mês podem levá-la a desistir do esforço. O que fazer? Explicite o problema e use os protestos da outra parte para obter uma garantia. Você pode dizer ao advogado do marido:

– Minha cliente está achando que o ex-marido não vai depositar os pagamentos da pensão alimentícia. Em vez disso, então, que tal dar a ela direito sobre metade do valor da casa?

O advogado do marido pode dizer:

– Meu cliente é absolutamente confiável. Vamos colocar por escrito que ele vai pagar a pensão alimentícia regularmente.

– Não é questão de confiança. Tem certeza de que seu cliente vai pagar?

– Claro.

– Certeza absoluta?

– Sim, certeza absoluta.

– Então não verá problema em acrescentar uma cláusula dizendo que, se por algum motivo ele atrasar dois meses, minha cliente passará a ter direito sobre 50% da casa, menos os valores que seu cliente já pagou em pensão alimentícia. Com isso, o pagamento da pensão será automaticamente suspenso.

O advogado do ex-marido vai ter dificuldade para se opor ao pedido.

Não dizer toda a verdade não é igual a mentir. Mentir deliberadamente sobre fatos ou intenções é bem diferente de não explicitar tudo o que você está pensando. A negociação de boa-fé não requer abertura total. Talvez a melhor resposta para perguntas como "Qual é o valor máximo que você pagaria?" seria algo do tipo: "Não vamos entrar numa situação em que a tentação de mentir seja grande. Se você acha que não vamos chegar a um acordo e que estamos perdendo tempo, talvez possamos revelar nossas ideias para uma terceira parte neutra e confiável, que poderá nos dizer se existe uma zona de acordo potencial." Dessa forma, é possível ser totalmente honesto quanto às informações que não são divulgadas.

Guerra psicológica

As táticas a seguir são projetadas para fazer você se sentir desconfortável, estimulando seu desejo inconsciente de terminar a negociação o mais rápido possível.

Situações estressantes. Muito tem sido escrito sobre as circunstâncias físicas em que as negociações ocorrem. Você deve prestar atenção em questões simples, como o local da reunião – se acontece no seu escritório, no deles ou em território neutro. Ao contrário do que dizem, às vezes é vantajoso se reunir no território da outra parte. Isso pode deixá-los à vontade, tornando-os mais abertos às suas sugestões. Além disso, se necessário, você terá menos dificuldade para se retirar. Caso possível, permita que o outro lado escolha o ambiente físico da reunião e se conscientize da escolha e dos efeitos que ela pode ter na negociação.

Durante a reunião, pergunte a si mesmo se você está se sentindo tenso e, em caso afirmativo, por quê. Caso a sala seja muito barulhenta, a temperatura esteja muito alta ou muito baixa e não haja lugar para uma conversa em particular com um colega, esteja ciente de que essa configuração pode ter sido deliberadamente projetada para estimulá-lo a concluir as negociações depressa e, se necessário, abrir mão de certos pontos para isso.

Se você achar que o ambiente está prejudicando sua negociação, não hesite em declarar isso. Você pode sugerir uma troca de cadeira, uma pausa ou a remarcação do encontro em um local ou horário diferente. Identifique o problema, fale sobre ele e depois negocie condições físicas mais adequadas, de maneira objetiva e baseada em princípios.

Ataques pessoais. Além de manipular o ambiente físico, a outra parte também pode usar a comunicação verbal e não verbal para fazê-lo se sentir desconfortável. Eles podem tecer comentários sobre suas roupas ou sua aparência: "Parece que você passou a noite toda acordado. As coisas não vão bem no escritório?" Podem diminuir sua importância, fazendo-o esperar muito tempo ou interrompendo a negociação para atender a outras pessoas. Podem dar a entender que você é ignorante. Podem se negar a ouvi-lo ou fazer você se repetir a todo momento. Podem se recusar a fazer contato visual com você. (Experiências com estudantes confirmaram que muitos sentem desconforto quando essa tática é usada e são incapazes de identificar a causa do problema.) Seja qual for o caso, reconhecer a tática ajuda a anular seu efeito – e ao abordá-la explicitamente você tem grande chance de impedir que volte a acontecer.

A tática do policial bom/policial mau. Uma forma de pressão psicológica que também envolve fraude deliberada é a tática do policial bom/policial mau, muito comum em filmes policiais antigos. O primeiro policial ameaça autuar o suspeito por inúmeros crimes, o coloca sob uma luz forte, o pressiona e depois faz uma pausa e sai da sala de interrogatório. Então o policial bonzinho apaga a luz, oferece um cigarro ao suspeito e pede desculpas pelo comportamento do colega. Diz que gostaria de poder controlá-lo, mas não pode, a menos que o suspeito coopere. Resultado: o suspeito conta tudo o que sabe.

De modo semelhante, numa negociação, duas pessoas do mesmo lado podem encenar uma discussão. Uma delas assumirá uma posição firme: "Este negócio vale 80 mil, e não vou aceitar nem um centavo a menos." Seu parceiro parece aflito e constrangido. Ele interrompe o colega e diz: "Frank, você está sendo irracional. O fluxo de caixa anda baixo, mesmo que os ativos a receber sejam altos." Então vira para você e, em tom ameno, pergunta: "Você poderia pagar 76 mil?" A concessão não é grande, mas parece um favor.

Essa é uma forma de manipulação psicológica. Se você reconhecê-la, não cairá nela. Quando o bonzinho fizer seu discurso, retruque com a mesma pergunta que fez ao mau: "Agradeço por você estar tentando ser razoável, mas ainda quero saber por que acha que esse preço é justo. Qual é o seu princípio? Aceito pagar 80 mil se vocês me convencerem de que é o preço mais justo."

Ameaças. Trata-se de uma das táticas mais utilizadas na negociação. Parece algo fácil de se fazer – muito mais fácil do que uma oferta. Bastam algumas palavras e, se funcionar, você nunca terá que levar a ameaça a cabo. Mas as ameaças podem conduzir a contra-ameaças, em uma escalada capaz de atrapalhar a negociação e até destruir o relacionamento.

Ameaças são pressão, e a pressão costuma alavancar exatamente o contrário do que se pretendia; aumenta a pressão no sentido contrário. Em vez de facilitar a tomada de decisão, muitas vezes dificulta. Em resposta a pressões externas, um sindicato, um comitê, uma empresa ou um governo podem se entrincheirar. Moderados e extremistas se unem para resistir ao que consideram uma tentativa ilegítima de coação. A questão deixa de ser "Devemos tomar essa decisão?" e passa a ser "Devemos ceder à pressão?".

Bons negociadores raramente recorrem a ameaças. Não precisam desse recurso; há outras formas de transmitir a mesma informação. Caso ache que vale a pena citar quais serão as consequências de determinada ação da outra parte, mencione as que não dependem de sua vontade, em vez das que você pode optar por realizar. *Avisos* são uma escolha muito mais legítima do que ameaças, além de não serem vulneráveis a contra-ameaças: "Se não chegarmos a um acordo, provavelmente a mídia vai querer publicar toda essa história sórdida, e não vejo como podemos suprimir informações em um assunto de interesse público. Você vê?"

Você também pode avisar o outro lado sobre o que poderá fazer caso não haja acordo, desde que mostre que só pretende salvaguardar seus interesses, *não* coagi-lo ou puni-lo. "Então, para você não ser pego de surpresa, aqui está um rascunho do comunicado à imprensa que planejamos publicar se o contrato não for renovado." Se a outra parte considerar essa perspectiva desagradável, pode reagir perguntando: "Você está me ameaçando?" Se sua intenção é apenas a de dar um aviso, responda com confiança: "De forma alguma. Se estivesse em nosso lugar, você recomendaria uma maneira melhor de resguardar nossos interesses?"

Para que as ameaças sejam eficazes, devem ser comunicadas com credibilidade, mas às vezes há como interferir nesse processo de comunicação. Você pode ignorar ameaças; considerar que não foram feitas por alguém com autoridade para isso; achar que não são sérias; ou concluir que são simplesmente irrelevantes. Você também pode fazer com que o mero ato de comunicá-las seja um risco.

Certa vez, um dos autores deste livro desempenhou o papel de mediador numa mina de carvão que estava recebendo um grande número de ameaças de bomba. As ameaças eram falsas, mas onerosas. O número de telefonemas diminuiu drasticamente quando a recepcionista da empresa começou a atender todas as chamadas telefônicas com "Sua chamada está sendo gravada. Com qual ramal deseja falar?".

Às vezes, as ameaças podem ser transformadas em vantagem política. Um sindicato pode dizer à imprensa: "A direção da empresa tem um argumento tão fraco que está recorrendo a ameaças." Talvez a melhor resposta a uma ameaça, no entanto, seja basear-se em princípios. "Preparamos contramedidas para cada uma das ameaças habituais da direção. No entanto, atrasamos a execução até ter certeza de que ambos os lados concordam que fazer ameaças não é a forma mais construtiva de lidar uns com os outros." Ou: "Só negocio sobre os méritos. Não construí minha reputação respondendo a ameaças."

Táticas de pressão de posição

Esse tipo de tática é projetado para estruturar a situação de modo que apenas um lado possa fazer concessões.

Recusa a negociar. Quando os diplomatas americanos e os funcionários da embaixada foram sequestrados em Teerã, em novembro de 1979, o governo iraniano anunciou suas exigências e se negou a negociar. Um advogado muitas vezes faz a mesma coisa, dizendo ao advogado da outra parte: "Nos vemos no tribunal." O que fazer quando o outro lado se recusa a negociar?

Primeiro, reconheça que a tática pode ser um estratagema, uma tentativa de usar a negociação como moeda para obter concessões na essência. Uma variação desse truque é definir condições prévias para as negociações.

Segundo, fale sobre a recusa em negociar. Comunique-se diretamente ou por meio de terceiros. Não os ataque por se recusarem a negociar – em vez disso, descubra por que estão fazendo isso. Eles estão com medo de lhe dar poder? Temem ser considerados "moles"? Acham que o simples ato de negociar destruirá a precária unidade interna deles? Ou simplesmente não acreditam na possibilidade de chegar a um acordo?

Seja como for, sugira algumas opções, como negociar por meio de terceiros ou por e-mail, ou encorajando indivíduos independentes, como jornalistas, a discutir as questões (como aconteceu no caso iraniano).

Por fim, insista em usar os princípios. É assim que eles querem que você jogue? Eles também querem que você defina condições prévias para negociar? Querem que os outros se recusem a negociar com eles? Que princípios eles acham que devem se aplicar a essa situação?

Demandas exageradas. Muitos negociadores começam fazendo demandas exageradas, como oferecer 175 mil dólares por um imóvel que parece valer 300 mil. O objetivo é diminuir as expectativas da outra parte. Eles acreditam que uma posição inicial extrema lhes proporcionará um resultado final mais favorável, seguindo a teoria de que as partes acabarão dividindo a diferença entre suas posições. Há desvantagens nessa abordagem, mesmo para quem pratica o jogo sujo. Quando você faz uma exigência exagerada que ambas as partes sabem que será descartada, compromete sua credibilidade. Iniciar uma negociação dessa forma pode acabar com a possibilidade de acordo; se você oferece um valor muito abaixo do esperado, a outra parte pode pensar que não vale perder tempo com isso.

Nessa situação, expor a tática é eficaz. Peça que justifiquem essa posição baseando-se em princípios, até que eles mesmos vejam como ela parece ridícula.

Exigências cada vez maiores. Um negociador pode aumentar uma de suas exigências para cada concessão que faz em outros aspectos. Também pode voltar a questões que você acreditava estarem resolvidas. Ele utiliza essa tática para diminuir a pressão por concessões e obrigar o outro negociador a tentar fechar o acordo rapidamente, antes que as exigências aumentem cada vez mais.

O primeiro-ministro de Malta usou essa tática com a Grã-Bretanha em 1971 ao negociar a compensação financeira sobre os direitos de uso das bases navais e aéreas em seu território. Cada vez que os britânicos achavam que tinham um acordo, ele dizia: "Sim, fechado, mas ainda tem um pequeno problema." E o pequeno problema seria um adiantamento de 10 milhões de libras em dinheiro ou garantia de empregos no estaleiro e entre os trabalhadores de base durante a vigência do contrato.

Quando reconhecer essa artimanha, chame a atenção de seu interlocutor e, se achar necessário, faça uma pausa para refletir em que bases deseja continuar as negociações – se é que deseja continuá-las. Isso evita uma reação impulsiva e mostra à outra parte a gravidade dessa conduta. Além disso, mais uma vez, insista nos princípios. Quando você voltar à mesa de negociação, qualquer pessoa interessada num acordo se comportará com mais seriedade.

Táticas de travamento. Essa tática é ilustrada pelo famoso exemplo de Thomas Schelling sobre dois caminhões de dinamite indo em direção um ao outro numa pista de mão única. A questão é: qual caminhão sairá da pista para evitar o acidente? Quando os caminhões se aproximam, um motorista arranca o volante e o atira pela janela. Vendo isso, o outro motorista tem que escolher entre o acidente explosivo ou desviar seu caminhão. Este é um exemplo de tática de compromisso extremo projetada para impossibilitar o recuo. Paradoxalmente, você fortalece sua posição de barganha ao enfraquecer seu controle sobre a situação.

Essa tática é muito comum nas negociações entre empresa e sindicato e nas negociações internacionais. Uma presidente de sindicato faz um discurso empolgante para os profissionais que representa e promete que não aceitará um aumento salarial menor que 15%. Como ela sairá humilhada e perderá a credibilidade caso concorde com um aumento inferior a esse, pode ser mais convincente em persuadir a diretoria.

As táticas de travamento são apostas. Você pode afirmar que o outro lado está blefando e forçá-lo a fazer uma concessão que precisará ser explicada à categoria que representa.

Assim como as ameaças, as táticas de travamento dependem da comunicação. Se o outro caminhoneiro não vir o volante sendo jogado pela janela, ou se achar que o caminhão tem um mecanismo de piloto automático, o ato de jogar o volante pela janela não surtirá o efeito desejado. A pressão para evitar uma colisão será sentida igualmente por ambos os pilotos.

Para lidar com táticas de compromisso, você pode interromper a comunicação. Interprete o compromisso de forma a enfraquecê-lo. "Ah, entendi. Você disse aos jornais que seu *objetivo* era conseguir 400 mil dólares. Bem, todos nós temos nossas aspirações. Quer saber quais são as minhas?" Ou você pode fazer uma piada e não levar a tática a sério.

Você também pode resistir a travamentos baseando-se em princípios: "Muito bem, Bob, eu soube que você fez essa declaração publicamente. Mas minha prática é nunca ceder à pressão, apenas à razão. Agora vamos discutir os méritos do problema." Faça o que fizer, evite transformar o compromisso numa questão central. Tire a ênfase dele para que o outro lado possa recuar sem constrangimento.

Parceiro inabalável. Talvez a tática de negociação mais comum para não atender aos pedidos seja dizer que, pessoalmente, não faz objeção, mas seu parceiro não cederá. "Concordo que seja um pedido perfeitamente razoável, mas meu chefe se recusa a aceitar."

Reconheça a tática. Em vez de discuti-la com o outro negociador, você pode concordar com o princípio envolvido – talvez até por escrito – e depois, se possível, falar direto com o "parceiro inabalável".

Um atraso calculado. Muitas vezes, um negociador tenta atrasar a tomada de decisão até o momento que julga mais favorável. Os negociadores de sindicato geralmente postergam a decisão até as últimas horas antes do prazo de greve, contando que a pressão psicológica do prazo deixe a diretoria mais maleável para negociar. Muitas vezes, porém, erram no cálculo e estouram o prazo, automaticamente deflagrando a greve. Uma vez iniciada a greve, a diretoria pode decidir esperar um momento mais favorável para fazer uma proposta – por exemplo, quando os fundos para a paralisação se esgotarem. Esperar o momento certo é um jogo altamente custoso.

Além de expor as táticas de atraso proposital e negociá-las, considere a possibilidade de limitar a janela de oportunidade. Se você representa uma empresa negociando uma fusão, inicie conversas com uma terceira empresa explorando a possibilidade de se fundir com ela. Procure condições objetivas que possam ser usadas para estabelecer prazos confiáveis – como a data limite para o pagamento dos impostos, a reunião anual de acionistas, o término do contrato ou o término do mandato.

"É pegar ou largar." Não há nada de intrinsecamente errado em confrontar o outro lado com uma escolha firme. Na verdade, a maioria das negociações comerciais nos Estados Unidos é conduzida dessa maneira. Se você vai a um supermercado e vê um pacote de feijão, não tenta negociar o preço com o gerente. Esse é um método eficiente de conduzir negócios, mas não é uma negociação. Não é uma tomada de decisão interativa. Da mesma forma, não há nada de errado em dizer "É pegar ou largar" para concluir uma longa negociação, mas, ao fazer isso, procure se expressar da maneira mais educada possível.

Uma alternativa para não precisar reconhecer a tática de "pegar ou largar" e negociar sob os termos dela é fingir que não ouviu. Continue falando como se não tivesse escutado, ou mude de assunto, talvez apresentando outras soluções. Se você reconhecer a tática, explique a seu interlocutor o que ele perderá caso não feche o negócio e busque uma desculpa digna – por exemplo, uma mudança nas circunstâncias – para que eles cogitem voltar atrás. Após a diretoria anunciar a oferta final, o sindicato poderia dizer a eles: "O aumento de 3,69 dólares por hora foi sua oferta final antes de discutirmos nossos esforços cooperativos para tornar a fábrica mais produtiva."

Não seja uma vítima

Muitas vezes é difícil decidir o que significa negociar com "boa-fé". Cada pessoa traça a linha divisória em um lugar diferente. Vale a pena se fazer perguntas como: essa é uma abordagem que eu usaria ao lidar com um amigo ou familiar? Se a mídia expusesse o que eu disse e fiz, eu ficaria envergonhado? Na literatura, essa conduta é mais comum para um herói ou um vilão? O objetivo dessas perguntas não é dar peso à opinião externa, mas compreender seus valores internos. Você é o único que pode decidir se quer usar táticas que consideraria impróprias e de má-fé se fossem usadas contra você.

No início da negociação, pode ser útil dizer: "Olha, sei que pode parecer estranho, mas quero saber as regras do jogo que vamos jogar. Estamos tentando chegar a um acordo sensato o mais rápido e com o menor esforço possível ou vamos fazer 'jogo duro' e que vença o mais teimoso?" Seja como for, esteja preparado para enfrentar jogo sujo. Você pode ser tão firme quanto eles, ou mais, porém é mais fácil defender os princípios do que uma tática desonesta.

PARTE IV

CONCLUSÃO

Conclusão

Três pontos.

Você sempre soube disso

Provavelmente não há nada neste livro que você já não soubesse de alguma forma. O que tentamos fazer foi organizar o bom senso e a experiência comum e fornecer uma estrutura prática para pensar e agir. Quanto mais essas ideias estiverem de acordo com seu conhecimento e sua intuição, melhor. Ao ensinar este método a advogados e empresários com anos de experiência, muitas vezes ouvimos frases como "Agora sei o que tenho feito e por que às vezes funciona" e "Eu tinha certeza de que o que você estava dizendo era verdade porque eu já sabia disso".

Aprenda fazendo

Um livro pode lhe indicar um caminho promissor. Ao lhe ensinar os conceitos e conscientizá-lo do que está fazendo, ele pode ajudá-lo a aprender. No entanto, só você pode adquirir a habilidade. Ler um panfleto de academia não o deixará em forma. Ler livros sobre tênis, natação, ciclismo ou hipismo não fará de você um especialista. Com a negociação não é diferente.

"Ganhando"

Em 1964, um pai americano e seu filho de 12 anos estavam jogando frisbee e desfrutando de um belo sábado no Hyde Park, em Londres. Na época, poucos ingleses tinham visto um frisbee, por isso um pequeno grupo se reuniu para assistir àquele estranho esporte. Finalmente, um inglês usando um chapéu de feltro se aproximou do pai e disse: "Desculpe incomodá-lo. Faz 15 minutos que estou observando e queria saber: quem está *ganhando*?"

Na maioria dos casos, perguntar a um negociador quem está ganhando é tão inadequado quanto perguntar quem está ganhando num casamento. Se você fizer essa pergunta sobre seu casamento, já perdeu a negociação mais importante – sobre que tipo de jogo jogar, sobre como vocês tratam um ao outro e sobre como lidam com os interesses em comum e os diferentes.

Este livro é sobre como "ganhar" esse importante jogo – como conseguir um processo mais eficaz para lidar com suas diferenças. Para ser mais adequado, o processo deve, claro, produzir bons resultados; vencer com base nos méritos pode não ser o único objetivo, mas perder certamente não é a resposta. Tanto a teoria quanto a experiência sugerem que o método de negociação baseada em princípios produzirá resultados substantivos de longo prazo tão bons ou melhores do que você provavelmente obteria com qualquer outra estratégia de negociação. Além disso, deve ser mais eficiente e menos oneroso para as relações humanas. Nós nos sentimos à vontade usando esse método e esperamos que você se sinta da mesma forma.

Isso não significa que é fácil mudar os hábitos, separar as emoções dos méritos ou envolver os outros na tarefa de elaborar uma solução sensata para um problema em comum. De vez em quando, vale a pena lembrar que a primeira coisa que você está tentando ganhar é uma forma melhor de negociar – uma forma que evite a necessidade de escolher entre ser correto e ter a satisfação de conseguir o que merece. Você pode ter as duas coisas.

PARTE V

10 PERGUNTAS QUE AS PESSOAS FAZEM SOBRE *COMO CHEGAR AO SIM*

10 perguntas que as pessoas fazem sobre *Como chegar ao sim*

Perguntas sobre justiça e negociação "baseada em princípios"

1. "Existe alguma situação em que faça sentido negociar posições?"

A negociação de posições é fácil, por isso é normal que as pessoas a utilizem. Ela não requer preparo, é universalmente entendida (às vezes você pode fazê-la utilizando apenas os dedos, quando não fala o idioma de seu interlocutor) e, em alguns contextos, está firmemente arraigada e é até esperada. Por outro lado, olhar para além das posições em busca dos interesses, criar opções com possibilidade de ganhos mútuos e encontrar e utilizar critérios objetivos é bastante trabalhoso – e, quando a outra parte parece resistente, requer controle emocional e maturidade.

Em praticamente todos os casos, a negociação baseada em princípios proporcionará um resultado melhor para ambos os lados. A questão é se vale a pena o esforço. Aqui estão algumas perguntas a serem consideradas:

Até que ponto é importante evitar um resultado arbitrário? Se você é o dono da casa em construção no Capítulo 5 e está discutindo a profundidade das fundações, não vai negociar posições arbitrárias, mesmo que seja muito mais fácil chegar a um acordo dessa maneira.

Mesmo que esteja tentando comprar um vaso raro e antigo e não consiga encontrar critérios objetivos para chegar a um valor, provavelmente é uma boa ideia buscar opções criativas e explorar os interesses do vendedor. Ainda assim, um fator a ser considerado na escolha da abordagem de negociação é quanto você deseja encontrar uma solução baseada nos méritos. Os riscos seriam muito maiores se você estivesse negociando a profundidade das fundações de um prédio comercial do que de um barracão no quintal. Também seriam maiores se a transação estabelecesse um precedente para negociações futuras.

Até que ponto essas questões são complexas? Quanto mais complexo o assunto, mais imprudente é se envolver na negociação de posições. Complexidade exige, antes de tudo, uma análise cuidadosa dos interesses em comum ou que podem ser adaptados de forma criativas, e depois um brainstorming. Ambas as situações serão mais fáceis de implementar na medida em que as partes se virem envolvidas na resolução conjunta dos problemas.

Até que ponto é importante manter uma boa relação? Se o outro lado é um cliente valioso, manter o relacionamento pode ser mais importante do que o resultado de uma negociação específica. Isso não significa que você deva ser menos persistente ao tentar obter seus interesses, mas sugere que é preciso evitar táticas como ameaças ou ultimatos que ponham o relacionamento em grande risco. Ao negociar com base nos méritos, você evita ter que escolher entre ceder ou irritar a outra parte.

Em negociações únicas entre estranhos, em que seria custoso explorar interesses e cada lado está protegido por oportunidades competitivas, a simples negociação de posições pode ser útil. Mas, se surgir um impasse, prepare-se para mudar de marcha e comece a esclarecer os interesses subjacentes.

Você também deve levar em conta o efeito dessa negociação no relacionamento com os outros. Ela pode afetar sua reputação como negociador e, consequentemente, a forma como os outros passarão a negociar com você? Em caso afirmativo, que efeito deseja que ela tenha?

Quais são as expectativas da outra parte e até que ponto é difícil mudá-las? Em muitas negociações trabalhistas e em outros contextos, as partes têm um longo histórico de negociação de posições firme, quase ritualística. Um lado vê o outro como "o inimigo" e considera a situação como de soma zero, ignorando os enormes custos de greves, sanções e sentimentos ruins. Nessas situações, não é fácil resolver o problema em conjunto, mas talvez seja igualmente mais importante.

Até os negociadores que gostariam de mudar acreditam que, na prática, é difícil abandonar velhos hábitos: escutar em vez de atacar, fazer um brainstorming em vez de brigar, explorar os interesses antes de assumir um compromisso. Alguns negociadores presos a rituais de conflito parecem considerar abordagens alternativas apenas quando chegam à beira da aniquilação mútua, e alguns nem assim. Em situações como essa, é bom estabelecer um cronograma realista para a mudança, capaz de abranger várias negociações completas. A General Motors e a United Auto Workers precisaram de quatro contratos para mudar a estrutura fundamental de suas negociações.

Onde você se encontra na negociação? Negociar posições inibe a busca de ganhos mútuos. Em muitos casos, as partes alcançam resultados que "deixam muito dinheiro na mesa". A estratégia de negociar posições é menos prejudicial se adotada *após* as partes identificarem os interesses um do outro, criarem opções mutuamente vantajosas e discutirem quais serão os critérios para considerar o que é justo.

2. "E se o outro lado tem uma concepção diferente de justiça?"

Na maioria das negociações, não há resposta "certa" ou "mais justa"; cada um tem seu critério para julgar o que é justo. No entanto, o uso de critérios externos melhora a negociação em três aspectos: um resultado alcançado mesmo por padrões de justiça e prática comunitária conflitantes provavelmente será mais sensato do que um resultado arbitrário. O uso de critérios reduz os custos de "recuo" – é mais fácil concordar em seguir um princípio ou critério independente do que em ceder à exigência do outro lado. Por fim, ao contrário de posições arbitrárias, alguns critérios são mais persuasivos que outros.

Numa negociação sobre salário entre um jovem advogado e um escritório de advocacia de Wall Street, por exemplo, seria um absurdo o sócio contratante dizer: "Suponho que você não se ache mais inteligente do que eu, então vamos lhe oferecer o mesmo salário que recebi quando comecei aqui 40 anos atrás: 24 mil dólares por ano." O jovem advogado apontaria o impacto da inflação ao longo desse tempo e sugeriria padrões de salário atuais. Se o sócio propusesse salários atuais para advogados iniciantes de cidades pequenas, o jovem advogado ressaltaria que seria mais apropriado adotar o salário médio para o cargo em empresas de prestígio semelhantes em Manhattan.

Investigue como os critérios conflitantes se desenvolveram. Em geral, um critério é mais persuasivo que outro quando se mostra mais direto, mais aceito e mais relevante em termos de tempo, lugar e circunstância. Quando essas características não estão óbvias, vale a pena perguntar como e por que os critérios conflitantes se desenvolveram. Por exemplo, o mercado está em fase de transição para uma nova estrutura com diferentes expectativas e critérios? Ou duas tradições estão convergindo?

Ao entender a lógica e a história do desenvolvimento dos critérios, você pode afirmar com mais certeza quais são os mais apropriados a sua situação. Em diversos setores, por exemplo, o advento da internet minou o papel tradicional dos distribuidores locais, pois muitos consumidores passaram a comprar on-line ou direto do fabricante. Os padrões tradicionais de uma margem razoável de lucro do distribuidor estão em forte conflito com os preços competitivos do mercado, o que leva a novas conversas sobre o valor do serviço e o acesso local. Com o tempo, ou os distribuidores aprimoram seus modelos de negócio ou saem do mercado.

Não é preciso concordar sobre qual é o "melhor" critério. Diferenças de valores, cultura, experiência e pontos de vista podem levar as partes a discordar sobre os méritos de diferentes critérios. Se fosse necessário chegar a uma conclusão sobre qual é o "melhor" critério, talvez fosse impossível resolver uma negociação. Mas isso não é preciso. Critérios são apenas uma ferramenta para ajudar as partes a encontrar um acordo melhor para ambas em vez de não fechar acordo.

O uso de critérios externos geralmente reduz a discordância entre as partes e expande a área de acordo potencial. Quando os critérios forem refinados a ponto de ser difícil argumentar que um é mais aplicável do que outro, as partes podem testar permutas ou recorrer a procedimentos justos para resolver as diferenças remanescentes. Podem usar um árbitro, dividir a diferença ou até tirar na sorte.

3. "Devo ser justo mesmo quando não tiver obrigação de ser?"

Como chegar ao sim não é um sermão sobre a moralidade do certo ou errado; é um livro sobre como se sair bem em negociações. Não sugerimos que você seja bom simplesmente por ser bom (nem desencorajamos isso).[5] Não sugerimos que você ceda à primeira oferta que seja indiscutivelmente justa. Tampouco sugerimos que você nunca peça mais do que um juiz ou um júri possa considerar justo. Argumentamos apenas que o uso de critérios independentes para

---

[5] Acreditamos que, além de fornecer um método completo e eficaz para obter o que você deseja numa negociação, a negociação baseada em princípios pode ajudar a tornar o mundo um lugar melhor. Ela promove o entendimento entre as pessoas, sejam pais e filhos, funcionários e chefes ou árabes e israelenses. Concentrar-se em interesses e opções criativas ajuda a aumentar a satisfação e minimizar o desperdício. Confiar nos padrões de justiça e buscar atender aos interesses de *ambos* os lados são atitudes que ajudam a produzir acordos que sejam duráveis, estabeleçam bons precedentes e construam relacionamentos duradouros. Quanto mais uma abordagem de negociação voltada para a solução de problemas se tornar a norma para lidar com as diferenças entre indivíduos e nações, menores serão os custos do conflito. E, além de benefícios sociais, você pode descobrir que essa abordagem estimula valores que promovem a compaixão e a justiça de maneira pessoalmente satisfatória.

discutir a imparcialidade de uma proposta pode ajudá-lo a obter o que merece e protegê-lo de truques.

Se você quer obter mais do que pode provar que é justo e se descobre capaz de persuadir com frequência os outros a obter o que deseja, talvez não ache algumas das sugestões deste livro úteis. Na maioria das vezes, porém, os negociadores que conhecemos temem receber *menos* do que deveriam numa negociação ou prejudicar um relacionamento se pressionarem em busca do que merecem. As ideias deste livro mostram como obter aquilo a que você tem direito enquanto mantém um bom relacionamento com o outro lado.

No entanto, às vezes pode surgir a oportunidade de obter mais do que você considera justo. Você deve ir em frente? Na nossa opinião, não sem pensar com cuidado. Há mais coisas em jogo do que apenas uma escolha sobre sua definição de moral. (Isso provavelmente também merece uma reflexão cuidadosa, mas o propósito deste livro não é oferecer conselhos nesse âmbito.) Diante da oportunidade de obter mais do que acha justo, você deve ponderar os possíveis benefícios e os possíveis custos de aceitar o inesperado:

Quanto vale a diferença para você? Qual é o máximo que você pode justificar para si mesmo como justo? Até que ponto o excesso além do máximo é importante para você? Compare esse benefício com o risco de incorrer em alguns dos custos listados a seguir, depois reflita se há melhores opções. (Por exemplo, é possível estruturar a transação de modo que o outro lado pense que está fazendo um favor a você, e não sendo roubado?)

Também vale a pena descobrir se você está realmente certo de obter esses possíveis benefícios. Será que está negligenciando alguma coisa? O outro lado é realmente tão cego? Muitos negociadores se mostram otimistas em excesso ao presumir que são mais espertos do que seus interlocutores.

O resultado injusto será duradouro? Se depois de tudo o outro lado concluir que o acordo é injusto, é possível que queira parar de cumpri-lo. Qual é o custo de tentar impor o acordo mesmo assim? Não é melhor substituí-lo? Se o caso parar na justiça, um tribunal pode se recusar a impor à outra parte um acordo considerado "injusto".

Reflita sobre sua posição na negociação. De nada adianta ter um acordo provisório muito favorável e o outro lado acordar a tempo e rejeitá-lo antes que se torne definitivo. E se eles concluírem que você não é digno de confiança por tentar tirar vantagem deles, o custo final dessa tentativa pode ser maior do que o fechamento apenas deste acordo.

Quais danos a injustiça pode causar a este ou a outros relacionamentos? Qual é a probabilidade de você voltar a negociar com a mesma parte no futuro? Caso isso aconteça, que riscos você corre se eles quiserem "se vingar"? E o que acontece com a sua reputação, sobretudo a de negociador justo? O ganho imediato compensa o impacto negativo na sua imagem?

A reputação de negociador justo pode ser um ativo extraordinário. Abre um grande campo de acordos criativos que só são possíveis quando você é digno de confiança. É muito mais fácil destruir que construir essa reputação.

Você vai ter uma crise de consciência? É provável que você se arrependa de ter fechado o contrato e fique se remoendo por ter tirado vantagem de alguém? Pense no caso do turista que comprou um lindo tapete da Caxemira de uma família que passou o ano inteiro trabalhando para tecê-lo. Ele se oferece para pagar em moeda alemã e acaba pagando com cédulas de uma moeda que não existe mais. Quando volta para casa, conta a história para os amigos, que ficam chocados, e só então começa a pensar no que fez com aquela família. Com o passar do tempo, só de olhar para o lindo tapete o homem fica com o estômago embrulhado. Assim como ele, muitas pessoas descobrem que se importam com mais do que apenas dinheiro e "derrotar" o outro lado.

Perguntas sobre como lidar com as pessoas

4. "O que eu faço se as pessoas forem o problema?"

Alguns interpretaram o conselho "Separe as pessoas do problema" como se fosse para varrer os problemas de nível pessoal ou humano para debaixo do tapete. Definitivamente *não* é isso que queremos dizer. Em geral, os problemas de nível pessoal demandam mais atenção do que os relacionados à essência. O ser humano tende a ser reativo e a ficar na defensiva, o que culmina no fracasso de muitas negociações que tinham tudo para dar certo. Quer os problemas das pessoas sejam o foco principal da negociação ou apenas uma das questões, nosso conselho básico é o mesmo:

Construa uma relação que não dependa do fechamento do acordo. Quanto mais você discordar de alguém, mais importante será lidar bem com a discordância. Uma boa relação é a que sabe lidar com as diferenças. Esse relacionamento não pode ser comprado com concessões ou fingindo que as diferenças não existem. A experiência sugere que essa tática não costuma funcionar. É improvável que, ao fazer uma concessão injustificada, no futuro seja mais fácil lidar com as diferenças. Você pode pensar que, da próxima vez, eles terão que fazer uma concessão; por outro lado eles provavelmente são teimosos e acreditarão que você cederá de novo. (Neville Chamberlain, primeiro-ministro inglês no fim da década de 1930, aceitou a ocupação alemã dos Sudetos e não lançou uma resposta militar à ocupação da Tchecoslováquia, e essa inércia provavelmente encorajou os nazistas a acreditar que a invasão da Polônia também não levaria à guerra.)

Da mesma forma, você não deve tentar coagir a outra parte a fazer concessões, pois isso põe em risco o relacionamento. ("Se você realmente se importasse comigo, cederia." "Se você não concordar comigo, nosso relacionamento estará acabado.") Funcionando ou não, esse tipo de estratagema é bastante prejudicial ao relacionamento. No futuro, será mais difícil que as partes lidem bem com as diferenças que surgirão.

As questões essenciais precisam ser *desvinculadas* dos problemas de relacionamento e de processo. O conteúdo de um possível acordo deve ser separado de como você fala sobre ele e como lida com o outro lado. Cada conjunto de questões precisa ser negociado segundo seus próprios méritos. A lista a seguir ilustra essa distinção:

Questões essenciais

- Termos
- Condições
- Preços
- Datas
- Números
- Obrigações

Questões de relacionamento

- Equilíbrio entre emoção e razão
- Facilidade de comunicação
- Grau de confiança e confiabilidade
- Postura de aceitação (ou de rejeição)
- Ênfase relativa na persuasão (ou na coerção)
- Grau de compreensão mútua

Muitas vezes as pessoas presumem que existe um conflito entre buscar um bom resultado e um bom relacionamento simultaneamente. Nós discordamos. Uma boa relação tende a facilitar a obtenção de bons resultados (para ambos os lados), que por sua vez tendem a tornar um bom relacionamento ainda melhor.

Às vezes, pode haver boas razões para você concordar com uma proposta mesmo quando não acredita que seja a mais justa. Por exemplo, se você já tem uma excelente relação, às vezes vale a pena ceder, confiante de que, no futuro, a outra pessoa reconhecerá que "lhe deve uma" e retribuirá o favor. (Mas certifique-se de que ela também veja sua postura como um favor.) Ou, após refletir bem, você pode concluir que não vale a pena discutir determinado assunto. Não recomendamos ceder com o propósito de melhorar um relacionamento.

Negocie o relacionamento. Se, apesar de seus esforços para estabelecer uma boa relação e negociar diferenças essenciais segundo os méritos delas, os problemas de nível pessoal continuarem no caminho, negocie-os de acordo com os méritos *deles*. Exponha suas preocupações sobre determinado comportamento e converse sobre elas como faria para lidar com uma diferença essencial. Evite julgar ou atacar as motivações do outro lado. Em vez disso, explique seu ponto de vista e seus sentimentos e pergunte sobre os deles. Proponha critérios externos ou princípios justos para determinar como devem lidar um com o outro e não ceda à pressão. Estruture a discussão de modo a olhar para o futuro, não para o passado, e parta do princípio de que a outra parte pode não ter a intenção de provocar todas as consequências que você está sofrendo e pode mudar de abordagem caso acredite ser necessário.

Como sempre durante uma negociação, você precisa ter sua Batna bem pensada e definida. Em alguns casos, o outro lado pode ficar feliz em descobrir que suas preocupações são um problema *compartilhado* apenas quando perceber que sua Batna não é boa para eles.

Diferencie o modo como você os trata de como eles tratam você. Não é preciso imitar um comportamento não construtivo durante uma negociação. Fazer isso pode até "ensinar uma lição" ao outro lado, mas muitas vezes não é a lição que gostaríamos de oferecer. Na maioria dos casos, responder na mesma moeda reforça a postura que não nos agrada. Isso encoraja o outro lado a pensar que todos agem dessa maneira e que essa é a única forma de se proteger. Nosso comportamento deve servir para modelar e encorajar o comportamento que queremos ver e para evitar recompensas por uma forma de agir que não nos agrada, tudo isso sem comprometer nossos interesses essenciais.

Lide racionalmente com a aparente irracionalidade. Muitos comportamentos não são racionais – aliás, talvez a maioria deles. Como dissemos no Capítulo 2, os negociadores são, antes de tudo, pessoas. Muitas vezes agimos por impulso ou reagimos sem pensar, sobretudo quando estamos com raiva, com medo ou frustrados. E todos conhecem pessoas que parecem simplesmente irracionais em qualquer situação. Como lidar com esse tipo de comportamento?

Em primeiro lugar, tenha em mente que, embora as pessoas geralmente não negociem de modo racional, vale a pena tentar fazer isso. Em um hospital psiquiátrico, não queremos médicos psicóticos. Da mesma forma, ao lidar com a irracionalidade de outros negociadores, o ideal é ser o mais voltado possível a um propósito.

Em segundo lugar, questione a suposição de que os outros estão agindo de modo irracional. Talvez eles vejam a situação de forma diferente. Na maioria dos conflitos, ambos os lados acreditam que estão sendo razoáveis ao negar as exigências da outra parte. Talvez ouçam argumentos iniciais e, mesmo bem embasados, considerem que não se justificam; talvez valorizem as coisas de maneira diferente; ou pode haver uma falha de comunicação.

Muitas pessoas têm pontos de vista que, em geral, são considerados objetivamente "irracionais" – como as que têm medo de andar de avião. Elas, porém, acreditam que estão reagindo de maneira racional, de acordo com *o mundo que veem*. Em algum nível, acreditam que *este* avião vai cair. Se pensássemos da mesma forma, também não voaríamos. A percepção é distorcida, não a resposta a ela. Provavelmente você não conseguirá mudar a pessoa nem dizendo que ela está errada (mesmo apresentando inúmeros estudos científicos que refutem o ponto de vista dela) nem punindo-a por acreditar nisso.

Por outro lado, se você perguntar com empatia, levando os sentimentos de seu interlocutor a sério e tentando entender a origem do raciocínio, às vezes é possível fazer mudanças. Trabalhando com elas, você pode descobrir um erro de lógica, um equívoco factual ou um trauma do passado que, uma vez trazido à luz, pode ser examinado e modificado pela própria pessoa. Em suma, você está procurando os interesses psicológicos por trás de uma posição aparentemente irracional no intuito de ajudar a pessoa a encontrar uma forma de atender mais interesses dela própria – e de maneira mais efetiva.

5. "Devo negociar mesmo com terroristas ou alguém como Hitler? Quando faz sentido *não* negociar?"

Por mais que a outra parte seja desagradável, a menos que você tenha uma Batna melhor, a questão não é *se* deve negociar, mas *como*.

Negociar com terroristas? Sim. Tendo em vista que está tentando influenciar as decisões deles – e eles estão tentando influenciar as suas –, você está negociando mesmo que não esteja falando com eles. A questão é se deve fazer isso a distância, utilizando ações e palavras ("Nunca iremos negociar com terroristas!"), ou de forma mais direta. Em geral, quanto melhor a comunicação, maior será a chance de exercer influência. Se a segurança pessoal não for um problema, talvez faça sentido estabelecer diálogo com os terroristas, estejam eles mantendo reféns ou ameaçando executar algum ato de violência. Se você possui um bom argumento, tem mais chance de influenciá-los do que eles têm de influenciar você. (Os mesmos argumentos se aplicam a "terroristas" da negociação, que recorrem ao jogo sujo.)

Negociar não significa ceder. Pagar o resgate ou ceder a chantagens é uma estratégia altamente onerosa. Pagar o resgate encoraja mais sequestros. Por meio da comunicação, talvez seja possível convencer terroristas (e possíveis futuros terroristas) de que eles não receberão o dinheiro do resgate. Talvez também seja possível descobrir interesses legítimos e elaborar um acordo no qual nenhum dos lados ceda.

Com a ajuda de mediadores argelinos, os Estados Unidos e o Irã negociariam a liberação, em janeiro de 1981, dos diplomatas norte-americanos que eram mantidos reféns havia mais de um ano na embaixada americana em Teerã. A base do acordo era: *cada lado não teria mais do que aquilo a que tinham direito*: os reféns seriam soltos; o Irã pagaria suas dívidas; quando esses montantes fossem liquidados, o saldo dos fundos apreendidos pelos Estados Unidos seria devolvido ao Irã; os Estados Unidos reconheceriam o governo iraniano e não interfeririam em seus assuntos internos; etc. Teria sido difícil, senão impossível, chegar a um acordo sem negociação. E, apesar da brutalidade e ilegalidade da invasão e tomada da embaixada, ambos os lados se beneficiaram das negociações que aconteceram no segundo semestre de 1980.

Muitos dizem que autoridades públicas não devem dialogar com terroristas, porque isso confere a eles status e recompensa sua ação ilegal. Se um alto funcionário do governo se reunisse com terroristas, isso poderia aumentar a importância deles de tal forma que superaria o possível ganho obtido a partir do diálogo. Mas o contato feito por um agente da lei profissional poderia ser bem diferente; os negociadores da polícia descobriram que o diálogo direto com sequestradores costuma resultar na libertação dos reféns e na prisão dos criminosos.

Em 1988, durante o sequestro do voo 422 da Kuwait Airways, houve extensas negociações com os sequestradores, mas os assuntos tratados pareciam cada vez mais triviais. Logo no começo do incidente, o governo do Kuwait disse que não libertaria os comparsas dos sequestradores, que tinham sido presos após terem sido condenados por atos terroristas, e em momento algum o governo recuou desse princípio fundamental. No entanto, as autoridades locais em Chipre e na Argélia negociavam incessantemente sobre questões como permissão para aterrissagem, pedidos de combustível, acesso à mídia e entrega de comida. Para cada acordo, as autoridades obtinham a libertação de mais reféns. Como eram muçulmanos, ao mesmo tempo elas apelaram aos ideais islâmicos de misericórdia e às advertências do profeta Maomé contra a captura de reféns. No fim, todos os reféns foram libertados. Os sequestradores foram autorizados a deixar a Argélia, mas, sem dúvida, o prolongado e constrangedor fracasso em alcançar qualquer um dos objetivos anunciados ao tomarem controle da aeronave contribuiu para a posterior redução no número de sequestros terroristas.

Negociar com alguém como Hitler? Depende da alternativa. Pode valer a pena lutar, e até mesmo morrer, por alguns de seus interesses. Muitos de nós acreditamos que livrar o mundo do fascismo, defender seu território e acabar com o genocídio se enquadram nessa categoria. Se esses interesses estiverem em jogo e não puderem ser alcançados por meios menos onerosos, você deve estar preparado para lutar, caso possa ajudar – e, às vezes, alguns dirão que vale a pena mesmo que não ajude.

Por outro lado, a guerra é algo horrível, muitas vezes romantizado. Se você puder obter uma parte considerável de seus interesses por meios não violentos, deve buscar essa opção. Poucas guerras foram tão unilaterais quanto a libertação do Kuwait pelas Nações Unidas. Mesmo nessa situação, se as forças iraquianas tivessem negociado a retirada do território do Kuwait, poderiam ter evitado os incêndios nos poços de petróleo, os danos ambientais no golfo Pérsico e o enorme sofrimento humano causado pela guerra.

Mais importante, a guerra não oferece garantia de resultados melhores do que os que poderiam ser obtidos por outros meios. Como líder da União Soviética, Joseph Stálin era, em muitos aspectos, tão condenável ao mundo quanto Hitler havia sido. Invadiu diversos territórios, cometeu genocídio e promoveu uma ideologia centrada no Estado que, na prática, era muito parecida com o nacional-socialismo. Mas, na era das bombas de hidrogênio, conquistar a União Soviética, como os Aliados haviam conquistado a Alemanha na Segunda Guerra Mundial, não era mais uma opção viável. Além disso, os princípios em jogo não pareciam justificar a aniquilação mútua. Então, o Ocidente esperou, paciente e firme em sua oposição moral ao comunismo soviético, até que ele desmoronou sozinho.

Caso seja possível alcançar um resultado que atenda aos nossos interesses melhor do que nossa Batna, devemos considerar travar negociações mesmo com pessoas como Hitler ou Stálin.[6] Muitas guer-

---

[6] Para uma análise aprofundada sobre se e quando negociar com contrapartes desagradáveis, com diversos exemplos contemporâneos e históricos, leia *Negociando com o diabo: quando dialogar, quando lutar*, de Robert Mnookin (Ed. Gente).

ras são um movimento dentro de uma negociação. O objetivo da violência é mudar a Batna do adversário, ou a percepção que o outro lado tem dela, de modo que concorde mais rápido com os termos do inimigo para o acordo de paz. Em casos assim, pensar em termos de negociação é vital para elaborarmos e comunicarmos nossa oferta de maneira persuasiva.

Negociar quando o outro lado está agindo por convicção religiosa? Sim. Embora seja muito difícil mudar convicções religiosas por meio da negociação, as ações que as pessoas adotam, mesmo aquelas baseadas em suas convicções, *podem* ser influenciadas. Foi o que aconteceu no sequestro do avião da Kuwait Airways. Um ponto importante, que vale a pena repetir, é que, para negociar, não é preciso abrir mão dos seus princípios. Muitas vezes, o sucesso é alcançado quando você descobre uma solução comprovadamente consistente com os princípios de ambos os lados.

Muitas situações parecem ser apenas conflitos "religiosos". O conflito entre protestantes e católicos na Irlanda do Norte, assim como o conflito entre cristãos e muçulmanos no Líbano, não é sobre religião – a religião serve como uma fronteira para dividir os grupos. Essa linha é reforçada ao ser usada para dividir onde as pessoas moram, onde trabalham, quem são seus amigos e em quem votam. A negociação entre esses grupos é altamente desejável, pois aumenta a chance de chegarem a acordos pragmáticos interessantes para todos.

Quando faz sentido *não* negociar? Para saber se faz sentido negociar e até que ponto se esforçar na negociação, é preciso saber quão satisfatória você considera sua Batna e qual a probabilidade de a negociação produzir resultados melhores. Se sua Batna é boa e a negociação parece pouco promissora, não há razão para investir muito tempo nela. Por outro lado, se sua Batna é ruim, esteja disposto a investir um pouco mais de tempo – mesmo quando a negociação parece pouco promissora – para alcançar um resultado mais satisfatório.

Para fazer essa análise, você precisa refletir sobre sua Batna e a Batna do outro lado. Não cometa o erro do banco que estava negociando com uma empresa falida do setor energético. Legalmente, o banco tinha o direito de assumir a propriedade de toda a empresa, mas o juiz do caso quis que as partes entrassem em acordo. O banco ofereceu ficar com 51% das ações e reduzir os juros sobre o empréstimo, mas a empresa (de propriedade da diretoria) ficou na defensiva. Frustrado, o banco passou meses tentando fazer a empresa mostrar interesse em negociar.

Compreensivelmente, a empresa se recusou – a Batna dela era esperar o preço do petróleo subir. Com isso, poderia pagar o empréstimo e manteria controle total da empresa. O banco não avaliou bem sua própria Batna, nem a da empresa. Deveria ter ido direto ao juiz e explicado como a situação era injusta e passível de queixa. (Por fim, o banco pediu a ajuda ao juiz – apelando para a falta de interesse do magistrado em ter que julgar o caso – e a empresa fechou um acordo em menos de 24 horas.) Mas o banco pensou que negociar com a empresa era sua única opção.

Muitas vezes os governos cometem o erro de supor que têm uma Batna melhor do que de fato têm – por exemplo, quando dão a entender que, se os meios "políticos" e "econômicos" falharem, sempre haverá "a opção militar". Acontece que nem sempre a opção militar é viável. (Considere a maioria das situações com reféns, nas quais não há opção militar que possa prometer a libertação segura dos inocentes. Operações de resgate bem-sucedidas, como a das Forças Armadas israelenses no aeroporto de Entebbe – um aeroporto projetado e construído por engenheiros israelenses –, são um ponto fora da curva e tornam-se mais difíceis a cada sucesso, pois os terroristas se adaptam a novas táticas.) Para descobrir se temos ou não a opção de fazer tudo por conta própria, é preciso avaliar a situação: o objetivo pode ser alcançado apenas pelos nossos esforços ou alguém do outro lado terá que tomar uma decisão? Se for o último caso, teremos que influenciar a decisão de quem? Que decisão queremos alcançar? E como a força militar pode influenciar essa decisão (se é que pode)?

Não presuma que tem uma Batna melhor ou pior do que a negociação. Antes de tudo reflita com cuidado e só depois decida se negociar faz sentido.

6. "Como adaptar minha abordagem de negociação para dar conta das diferenças de personalidade, gênero, cultura, etc.?"

Sob alguns aspectos, as pessoas são todas parecidas umas com as outras. Queremos ser amados, respeitados pelos outros e por nós mesmos e não gostamos de ser passados para trás. Sob outros aspectos, as pessoas – mesmo as que têm formação parecida – são bem diferentes. Algumas são extrovertidas, outras tímidas; algumas se expressam pela fala e são lógicas, outras se expressam pelo corpo e são emotivas; algumas são contundentes, outras diplomáticas; algumas sentem prazer nos conflitos, outras farão de tudo para evitá-los. Como negociadores, pessoas diferentes terão interesses e estilos de comunicação diferentes. Podem ser persuadidas por coisas diferentes e ter diferentes maneiras de tomar decisões. Como acomodar essas semelhanças e diferenças na negociação? Aqui estão algumas diretrizes:

Entre em sintonia. Em qualquer negociação, é altamente desejável compreender os valores, os pontos de vista, as preocupações, as normas de comportamento e o humor daqueles com quem está lidando. Adapte seu comportamento de acordo com esses fatores. Se você está negociando com alguém, é essa pessoa que você está tentando influenciar. Quanto mais entrar em sintonia com o modo de pensar dela, maior será a probabilidade de chegar ao sim. Algumas diferenças comuns que podem influenciar na negociação são:

- ritmo: rápido ou lento?
- formalidade: alta ou baixa?
- proximidade física ao falar: perto ou longe?
- acordos orais ou escritos: o que é mais inclusivo e cria mais vínculo?
- tipo de comunicação: direta ou indireta?
- tempo: prazo curto ou longo?

- escopo do relacionamento: apenas profissional ou mais abrangente?
- local da negociação: privado ou público?
- quem negocia: pessoas com a mesma hierarquia ou as mais competentes para a tarefa?
- rigidez dos compromissos: inflexível ou flexível?

Adapte nossas recomendações genéricas à situação específica. Este é um livro de conselhos genéricos – não se aplicará da mesma maneira a todas as circunstâncias e todas as pessoas –, mas as proposições básicas são aplicáveis. Caso não haja uma razão convincente para agir de forma contrária, aconselhamos que você elabore, em torno dessas recomendações, uma abordagem específica para cada negociação. A melhor maneira de implementar esses princípios gerais dependerá do contexto. Ao elaborar uma abordagem específica à situação, reflita sobre onde você se encontra, com quem está lidando, os costumes do setor, suas experiências passadas com esse negociador e outros fatores.

Preste atenção nas diferenças de crença e de costumes, mas evite estereotipar indivíduos. Diferentes grupos e lugares têm diferentes costumes e crenças. Conheça-os e respeite-os, mas tome cuidado ao fazer suposições sobre os indivíduos.

Na maioria das vezes, os comportamentos, os interesses e outras características de um indivíduo são bem diferentes dos de um grupo ao qual ele talvez pertença. Por exemplo, o japonês "mediano" tende a utilizar métodos mais indiretos de comunicação e negociação, mas os indivíduos japoneses abrangem toda a gama de estilos de negociação. Um ministro japonês era famoso por seu ousado "estilo americano" de negociação – que não é típico de muitos americanos.

Pesquisas sugerem que as mulheres são mais propensas que os homens a coletar informações de maneira mais aberta e menos estruturada, a prestarem mais atenção nos relacionamentos e a agir de acordo com princípios morais baseados na compaixão e no compromisso para com os outros e menos em regras e direitos individuais. Esses mesmos dados, no entanto, sugerem que há um grande número de indivíduos, de ambos os sexos, que não agem de acordo com o estereótipo.[7]

Fazer suposições sobre uma pessoa com base nas características do grupo ao qual ela pertence é um insulto, além de arriscado. Ao agir assim, você nega a ela sua individualidade. Não presumimos que *nossas* crenças e nossos hábitos sejam ditados pelos grupos em que nos encaixamos; portanto, deduzir isso dos outros é degradante. Cada indivíduo é afetado por diversos aspectos do ambiente e de sua criação, sua cultura e sua identidade de grupo, mas de maneira imprevisível.

Questione suas suposições; pratique a escuta ativa. Seja qual for a suposição que você fizer sobre os outros – se acha que são exatamente como você ou totalmente diferentes –, questione-a. Esteja aberto para descobrir que seu interlocutor pode ser o contrário do que você imaginava. As grandes variações dentro das culturas fornecem pistas sobre que tipo de diferenças você deve procurar, mas lembre-se de que todos temos interesses e qualidades especiais que não se ajustam a nenhum molde padrão.

Perguntas sobre táticas

7. "Como decidir onde deve ser a reunião, como devemos nos comunicar, quem deve fazer a primeira oferta e qual deve ser minha proposta inicial?"

Antes de responder a perguntas como quais comprimidos o paciente deve tomar e que alimentos evitar, um médico vai querer saber quais são os sintomas e diagnosticar possíveis causas. Só então poderá desenvolver uma estratégia. O mesmo vale para especialistas em ne-

[7] Como ponto de partida para essa discussão, leia *Uma voz diferente*, de Carol Gilligan (Ed. Rosa dos Tempos).

gociação. Não temos remédios para todos os fins. Para dar um bom conselho tático é preciso conhecer as circunstâncias da negociação.

Isso pode ser ilustrado por quatro exemplos:

Onde deve ser a reunião? Qual é a nossa preocupação? Se ambas as partes costumam estar sempre ocupadas e vivem sendo requisitadas, talvez o fator "isolamento" seja o mais importante. Se a outra parte tende a se sentir insegura ou precisa de apoio da equipe, talvez se sinta mais à vontade no próprio escritório. Isso pode ser bom para você, caso queira ficar à vontade para sair a qualquer momento. Os gráficos, arquivos ou especialistas que você pode querer consultar durante a negociação estarão disponíveis? Se quiser usar flipcharts, um quadro branco ou um retroprojetor, é melhor marcar a reunião para uma sala de conferência com esses recursos.

Como devemos nos comunicar? Atualmente, muitas negociações são conduzidas por telefone, e-mail ou mensagem de texto, e essas interações podem ser bem diferentes de um encontro cara a cara. Os textos curtos e as abreviações da internet aumentam em muito a probabilidade de mal-entendidos. A ausência de sinais sonoros e visuais em textos e e-mails dificulta a compreensão dos tons emocionais da comunicação, o que pode alimentar nossa tendência pessimista a pensar o pior. Além disso, não ter outra pessoa à nossa frente reduz ou elimina o impacto dos "neurônios-espelho" no cérebro, que normalmente aumentam nossa empatia e a sensação de conexão humana.

Um estudo sugere o possível impacto dessas diferenças: numa negociação em que apenas os vendedores sabiam quanto um item valia, os resultados variavam drasticamente com base no modo de comunicação. Nas interações cara a cara, apenas uma pequena minoria de vendedores mentia e se aproveitava do cliente, mas nas interações escritas, um terço fazia isso – e mais da metade nas negociações por telefone. Enquanto isso, os compradores eram cautelosos nas interações escritas, mas geralmente confiavam nas negociações cara a cara e por telefone. Como resultado, muitos compradores por telefone ficaram em séria desvantagem. Quase 60% das negociações cara a cara resultaram em acordos vantajosos para ambas as partes, contra apenas 22% das interações escritas e 38% das negociações telefônicas. Por outro lado, mais da metade das interações escritas resultou em impasse, contra apenas 19% das negociações cara a cara e 14% das por telefone.[8]

Quais as consequências dessas diferenças para a estratégia? Em primeiro lugar, conversas difíceis que envolvem emoções ou problemas de relacionamento devem ser realizadas, se possível, cara a cara, nunca por e-mail ou mensagens de texto. Se o telefone é a única opção, veja se é possível usar uma webcam para fazer uma chamada de vídeo.

Quando estiver ao telefone, e sobretudo quando estiver usando e-mail ou mensagens de texto, procure criar uma conexão pessoal antes de mergulhar na essência da questão. Estudos mostram que um pequeno esforço prévio para criar um bate-papo – descobrir e compartilhar algo pessoal, falar sobre o relacionamento que já existe ou algo que têm em comum – promove a cooperação e aumenta as chances de acordo.

Quando for mandar um e-mail ou uma mensagem, releia o texto uma ou mais vezes antes de enviar. Torne o contexto e seu raciocínio claros. Procure ambiguidades e pergunte-se como a outra parte pode interpretar algo diferente do que você pretende. Se a resposta do outro sugerir que sua mensagem *de fato* gerou uma reação ruim ou inesperada, mude o meio de comunicação antes de continuar. Atravesse o corredor ou pegue o telefone.

Mesmo que você precise fazer a maior parte de sua comunicação por e-mail, tente conduzir uma reunião inicial pessoalmente ou por telefone e agendar encontros de acompanhamento periódicos. Dessa

---

[8] K. L. Valley, J. Moag e M. H. Bazerman, "'A Matter of Trust': Effects of Communication on the Efficiency and Distriburion of Outcomes", 34 *Journal of Economic Behavior and Organization* 211 (1998). Para uma revisão da pesquisa sobre modos de comunicação em negociação, leia J. Nadler e D. Shestowsky, "Negotiation, Information Technology, and the Problem of the Faceless Other", em Leigh L. Thompson (org.), *Negotiation Theory and Research* (Psychology Press, 2006).

forma, você cria e mantém um nível de conexão humana. Essa estratégia também ajuda a fazer alguns acordos que antecipem possíveis dificuldades. Você pode fazer, por exemplo, com que ambas as partes se comprometam a expressar suas preocupações quanto antes, pessoalmente ou por telefone, e encará-las como medos, fantasias ou hipóteses, e não como acusações.

Claro que há ocasiões em que usar o telefone, o e-mail ou uma mensagem de texto pode ser vantajoso. Muitos acham mais fácil ser menos complacente e fazer perguntas mais difíceis por telefone. Pesquisas sugerem que as pessoas prestam mais atenção ao conteúdo na ausência de outras informações interpessoais e que argumentos fortes podem ter mais efeito por e-mail do que cara a cara. Além do mais, por e-mail também você tem tempo para refletir e pesquisar antes de responder, o que pode ajudá-lo a evitar decisões imprudentes sob pressão. (As mensagens de texto, por outro lado, costumam ser trocadas mais depressa e podem favorecer injustamente os que digitam mais rápido).

Na hora de escolher o meio de comunicação, é preciso, como sempre, refletir com cautela, levando em conta fatores como os que foram citados.

Quem deve fazer a primeira oferta? É um equívoco supor que fazer uma oferta é sempre a melhor maneira de colocar um valor na mesa. Em geral, é bom explorar interesses, opções e critérios antes de fazer uma oferta. Ao apresentar uma proposta cedo demais você pode fazer com que o outro lado se sinta atropelado. Quando ambos tiverem noção exata do problema, uma oferta que concilie os interesses e critérios acordados tem mais chance de ser recebida como um construtivo passo adiante. (Sem essa base, até uma oferta generosa pode ser vista como suspeita, fenômeno que os psicólogos sociais chamam de "desvalorização reativa": se você está oferecendo, isso não deve ser bom para mim.)[9]

---

[9] Jared R. Curhan, Margaret A. Neale e Lee Ross, "Dynamic Valuation: Preference Changes in the Context of Face-to-Face Negotiation", 40 *Journal of Experimental Social Psychology* 142 (2004).

Mesmo que no fim você não faça uma proposta, desde o início da negociação é importante tentar "ancorar" a discussão em torno de uma abordagem ou critério favorável a você. Caso não esteja preparado e não tenha ideia do que é razoável, provavelmente ficará relutante em apresentar uma ideia ou proposta, talvez esperando que sua contraparte dê o primeiro passo e faça uma oferta generosa. Mas tome cuidado: é extremamente arriscado medir o valor de um item pela primeira proposta ou pelo valor apresentado pelo outro negociador. Se você não sabe o valor de um item, o ideal é pesquisar mais antes de iniciar a negociação.

Quanto mais bem informadas as duas partes estão sobre o valor de algo, menos diferença faz quem apresenta a primeira oferta. Portanto, em vez de aprender regras sobre quem deve fazer a primeira oferta, é melhor aprender a regra de conhecer a fundo a percepção externa do valor daquilo que deseja negociar.

Qual deve ser o valor da minha proposta inicial? Muitas pessoas tendem a medir seu sucesso com base em quanto a outra parte cedeu. Mesmo que o valor da proposta inicial seja totalmente arbitrário, como o preço de etiqueta ou de varejo, muitas vezes o comprador fica feliz em comprar algo por menos. Eles não analisam o mercado, não sabem quanto custa a melhor alternativa – se satisfazem em simplesmente pagar menos do que o preço inicial.

Nessas circunstâncias, se você está vendendo, em geral começa propondo o valor máximo que pode justificar sem constrangimento. Outra forma de pensar, porém, é começar com o valor máximo justificável para uma terceira parte. Primeiro você explica o raciocínio, depois faz a proposta. (Se eles ouvirem um valor com o qual não concordem antes da explicação, talvez nem prestem atenção no seu raciocínio depois.)

Esse valor inicial não precisa ser encarado como uma posição firme. Na verdade, quanto mais você sugere valores antecipadamente, mais prejudica sua credibilidade à medida que se afasta deles. É mais seguro e no mínimo tão eficaz dizer algo como: "Bem, um fator a considerar é o que as outras empresas estão pagando a um profissional com cargo igual ao seu. Aqui, por exemplo, pagam 58 dólares por hora. O que acha?" Aqui você apresentou um critério e um valor sem se comprometer.

A estratégia depende da preparação. Vale a pena passar adiante duas generalizações sobre a estratégia. A primeira é de que, em quase todos os casos, a estratégia é uma função da preparação. Se você está bem preparado, a estratégia vai aparecer naturalmente. Caso você conheça bem os critérios relevantes para a negociação, será óbvio quais discutir e quais a outra parte poderá apresentar. Se você refletiu bem sobre seus interesses, ficará claro quais deles mencionar no início e quais apresentar no meio da negociação ou nem sequer expor. E se você formulou sua Batna antes de começar a negociar, saberá quando é hora de sair dela, caso precise.

A segunda generalização é de que uma estratégia inteligente não pode compensar a falta de preparação. Se você formular uma estratégia que considera surpreendente, terá problemas se a outra parte entrar na negociação preparada para lidar com ela. Por exemplo, você pode querer começar tratando de problemas de relacionamento, mas eles podem querer falar sobre Batnas. Como nunca se sabe ao certo qual será a estratégia do outro lado, é sempre melhor conhecer todo o terreno do que se planejar para seguir um caminho específico pela floresta.

8. "Em termos concretos, como passo da criação de opções para o fechamento de acordos?"

Ao longo deste livro apresentamos diversos conselhos sobre como desenvolver opções inteligentes e mutuamente satisfatórias na negociação – e também sobre como evitar ou superar diversos problemas de nível pessoal. Mas a questão permanece: como fechar o acordo? Acreditamos que não existe um processo mais eficaz, porém listamos a seguir princípios gerais que valem a pena levar em conta:

Pense no fechamento desde o começo. Antes mesmo de começar a negociar, crie uma visão do que seria um acordo bem-sucedido.

Isso o ajudará a descobrir quais questões precisarão ser tratadas na negociação e o que fazer para resolvê-las. Imagine como seria a implementação de um acordo. Que problemas precisariam ser resolvidos? Em seguida, trabalhe de trás para a frente: pergunte a si mesmo como a outra parte pode justificar esse acordo para seus interessados. ("Passaremos a fazer parte dos 10% mais bem-pagos entre os profissionais de nosso setor nesta cidade", "Estamos pagando menos do que o valor estipulado por dois dos três avaliadores".) Pense no que será necessário para você fazer o mesmo com seus interessados, então pergunte-se que tipo de acordo permitiria que ambas as partes dissessem coisas desse tipo. Por fim, procure descobrir o que fazer para convencer o outro lado – e você mesmo – a aceitar um acordo, em vez de continuar negociando.

Mantenha essas questões em mente à medida que a negociação progride, reformulando sua visão e preenchendo as lacunas conforme surgem mais informações. Concentrar-se em seu objetivo dessa maneira o ajudará a manter a negociação num caminho produtivo.

Avalie a possibilidade de criar um modelo de acordo. Nas negociações que produzirão um acordo por escrito, geralmente vale a pena esboçá-lo como parte de sua preparação. O modelo de acordo é um documento na forma de acordo com espaços em branco para cada termo a ser resolvido na negociação. O formulário padrão de compra e venda de imóveis é um exemplo de modelo de acordo altamente detalhado. Em outros casos, uma lista de tópicos pode ser mais apropriada. Trabalhar com um modelo de acordo, seja ele pouco ou muito detalhado, ajudará a garantir que questões importantes não sejam negligenciadas. Ele pode servir como ponto de partida e pauta para a negociação, ajudando você a usar seu tempo com mais eficiência.

Quer você inicie ou não a negociação usando um modelo de acordo, vale a pena esboçar possíveis termos de um contrato. Trabalhar em um esboço ajuda a manter as discussões focadas, costuma apontar questões importantes que poderiam ser negligenciadas e dá a sensação de que a negociação está progredindo. Também fornece um registro das discussões, reduzindo a chance de mal-entendidos futuros. Se você está trabalhando com um modelo de acordo, a redação final do contrato talvez se limite ao preenchimento dos espaços em branco à medida que as partes discutem cada termo; ou, se ainda tiverem que chegar a um consenso, talvez seja preciso redigir cláusulas alternativas.

Aproxime-se gradualmente do compromisso. À medida que a negociação avança e as partes discutem as opções e os critérios para cada questão, busque uma proposta consensual que reflita todos os pontos abordados e atenda aos interesses de ambas as partes da melhor forma possível. Se não chegarem a um consenso em determinada questão, tentem pelo menos reduzir o leque de opções e passem para a questão seguinte. Talvez mais tarde surja uma opção melhor ou uma possibilidade de compensação. ("Tudo bem. Então, talvez algo como 68 mil ou 70 mil dólares por ano seja um salário razoável. E quanto à data de início?")

Para incentivar o brainstorming, uma boa ideia é deixar claro que todos os compromissos acordados ali são provisórios. Isso lhe dará a sensação de que a discussão está progredindo e, ao mesmo tempo, evita a inibição natural de pensar que cada opção discutida possa ser ouvida como um compromisso. Compromissos provisórios são um ótimo recurso e não devem ser alterados sem motivo, mas deixe claro que você não está se comprometendo definitivamente com nada até ver a proposta final. No cabeçalho de uma página com o modelo de acordo, você pode, por exemplo, escrever: "Rascunho provisório – sem compromissos."

O processo de progredir rumo a um acordo raramente é linear. Esteja preparado para percorrer a lista de problemas várias vezes, vendo tanto questões específicas quanto o pacote completo. Em alguns casos, os problemas mais complicados são revistos inúmeras vezes até serem resolvidos e postos de lado e só retomados no fim – tudo dependerá da possibilidade de progresso gradual em outras questões. Ao longo do caminho, evite fazer demandas e parar em entraves. Para isso, ofereça opções e peça críticas. ("O que você acha de um acordo nos moldes deste rascunho? Não sei se vou conseguir aprová-lo com meu pessoal, mas acho que consigo algo parecido. Isso funcionaria para vocês? Se não, qual seria o problema?")

Seja persistente na busca de seus interesses, mas não rígido na busca de qualquer solução em particular. Uma maneira de ser firme sem assumir uma posição fixa é separar seus interesses dos meios de atendê-los. Quando sua proposta for contestada, não defenda a proposta em si, apenas explique quais são seus interesses por trás dela. Pergunte se o outro lado pode pensar num meio mais eficaz de atender aos interesses de ambos. Caso pareça haver um conflito insolúvel, pergunte se há motivo para os interesses de um lado terem prioridade sobre os do outro.

A menos que ele tenha um argumento convincente para explicar por que seu raciocínio deve ser mudado, atenha-se à sua análise. Quando – e se – você for persuadido, modifique seu pensamento de acordo com a proposta, apresentando a lógica primeiro. ("Esse é um bom argumento. Uma forma de medir esse fator seria...") Se você estiver bem preparado, será capaz de prever a maioria dos argumentos que o outro lado apresentará e de saber como eles podem afetar o resultado da negociação.

O objetivo geral é evitar discussões inúteis. Quando as divergências persistirem, procure acordos de segunda ordem – sobre os pontos onde há discordâncias. Certifique-se de que os interesses e o raciocínio de cada lado sejam claros. Busque diferentes suposições e formas de testá-las. Como sempre, procure analisar interesses conflitantes com base em critérios externos ou opções criativas. Tente conciliar pontos de vista conflitantes com concessões criativas ou utilizando critérios sólidos para avaliar o que é mais apropriado. Seja persistente.

Faça uma oferta. Em algum momento, esclarecer interesses, criar opções e analisar critérios passam a gerar retornos cada vez menores. Quando um problema – ou conjunto de problemas – já foi bem analisado, você deve estar preparado para fazer uma oferta. Uma oferta antes da hora pode cobrir poucas questões fundamentais. ("Eu concordaria com um fechamento em 30 de junho se o pagamento inicial não fosse superior a 50 mil.") Mais tarde, essas ofertas parciais podem formar uma proposta mais abrangente.

Normalmente, uma oferta não deve causar surpresa, mas ser o resultado natural da conversa até o momento. Não precisa ser uma proposta do tipo "pegar ou largar", mas também não deve ser uma posição inicial. Deve ser uma oferta que você acredita fazer sentido para ambos os lados, dado o que já foi discutido. Muitas negociações são resolvidas quando uma oferta completa é feita.

Reflita sobre como e onde é melhor apresentar a oferta. Se as discussões anteriores foram realizadas em público ou em grandes grupos, talvez seja melhor buscar uma ocasião mais reservada para fechar o acordo. A maioria dos acordos é feita em reuniões fechadas entre os principais negociadores de cada lado, embora a conclusão formal possa acontecer depois, em público.

Se fechar o acordo for a escolha sensata mas ainda houver questões em aberto, busque procedimentos justos para facilitar o fechamento do acordo. Dividir a diferença entre valores arbitrários produz um resultado arbitrário, mas dividir a diferença entre valores respaldados por critérios independentes, legítimos e persuasivos é uma forma de alcançar um resultado justo. Outra abordagem possível é convidar um terceiro para conversar diversas vezes com as partes e, por fim, produzir uma "recomendação final".

Seja generoso no fim. Quando sentir que está perto de fechar um acordo, veja se é possível oferecer algo que você sabe que é valioso para o outro lado e que seja consistente com a lógica básica da sua proposta. Deixe claro que este é um gesto final; não crie expectativa de fazer novas concessões. Às vezes, essa melhora na proposta acaba com as dúvidas de última hora e fecha o acordo de vez.

Você quer que a outra parte saia da negociação satisfeita e sentindo que foi tratada de forma justa. Esse sentimento pode ser altamente recompensador na implementação de um acordo e em futuras negociações.

9. "Como posso testar essas ideias sem correr muito risco?"

Talvez você esteja convencido de que essa abordagem faz sentido, mas não se considere capaz de executá-la bem o suficiente para melhorar os resultados de sua abordagem atual. Como testar essas ideias sem correr grande risco?

Comece com pouco. Inicie os testes em negociações com risco baixo, nas quais você tem uma boa Batna, os critérios objetivos favoráveis estão disponíveis e parecem relevantes e o outro lado parece aberto a essa abordagem. Comece com ideias baseadas nas suas habilidades atuais e, em seguida, experimente uma ideia nova de cada vez. À medida que ganha experiência e confiança, pouco a pouco você pode aumentar as apostas testando novas técnicas em contextos mais importantes e desafiadores. Não precisa experimentar tudo de uma vez.

Faça um investimento. Algumas pessoas jogam tênis a vida inteira mas nunca evoluem. Não estão dispostas a avaliar o modo como praticam o esporte nem pensam em mudar o estilo de jogo. Bons jogadores, por outro lado, reconhecem que, muitas vezes, melhorar significa investir em novas abordagens. Seu jogo pode até piorar enquanto lutam para aprender técnicas novas, mas no fim acabam superando seu antigo patamar. As novas técnicas oferecem mais potencial a longo prazo. É preciso fazer o mesmo na negociação.

Avalie seu desempenho. Após cada negociação importante, reserve um tempo para refletir sobre como você se saiu. O que funcionou? O que não funcionou? O que você poderia ter feito diferente? Talvez valha a pena manter um diário de negociação, que você pode reler periodicamente.

Prepare-se! Conforme discutido a seguir, o poder de negociação não é algo que você tenha e possa ser aplicado em qualquer lugar para qualquer finalidade. Se quiser que seus recursos sejam convincentes, antes da negociação em si você precisará trabalhar arduamente. Em outras palavras, negociar requer preparação. Preparar-se bem não é arriscado, apenas leva tempo. Quanto mais preparado você estiver, maior a probabilidade de usar essas ideias e considerá-las valiosas.

Planeje formas de construir e manter um bom relacionamento com a outra parte. Escreva uma lista de interesses, tanto os seus quanto os do outro lado. Em seguida, crie uma lista de opções que satisfaçam esses interesses o máximo possível. Procure uma variedade de pontos de referência externos ou critérios capazes de persuadir uma terceira parte sensata sobre o que deve ser feito. Pergunte a si mesmo que argumentos gostaria de poder usar e, em seguida, busque fatos e informações necessários para isso. Leve em conta os parâmetros que o outro lado pode considerar convincentes para justificar um acordo para suas partes interessadas. Caso tenham dificuldade nisso, é pouco provável que concordem com os termos atuais. Considere os compromissos que você gostaria que cada lado assumisse. Esboce um modelo de acordo.

Em certos casos, você pode solicitar ajuda a um amigo: peça que ele interprete o papel de seu interlocutor – ou até o seu (após orientá-lo sobre como fazer isso) – enquanto você representa sua contraparte. Assumir o papel do outro e ouvir seus próprios argumentos (oferecidos por seu amigo) é uma técnica poderosa para testá-los. Você também pode solicitar a orientação de amigos, negociadores mais experientes ou consultores profissionais do ramo da negociação.

De muitas maneiras, a negociação é como a destreza física: algumas pessoas têm mais talento natural e, como os melhores atletas, podem chegar ao máximo de preparação, prática e orientação. Aqueles com menos talento natural precisam de mais preparação, prática e feedback e podem ganhar bastante com isso. Qualquer que seja o seu caso, você tem muito a aprender e o trabalho árduo recompensará. Só depende de você.

Perguntas sobre poder

10. "Minha maneira de negociar pode fazer diferença mesmo que o outro lado seja mais poderoso?" e "Como aumentar o *meu* poder de negociação?".

Sua maneira de negociar (e a maneira como você se prepara para negociar) pode fazer uma *enorme* diferença, quaisquer que sejam os poderes relativos de cada parte.

Certas coisas você não vai conseguir

Por mais habilidoso que seja, claro que há limites para o que você é capaz de obter por meio da negociação. Nem mesmo o melhor negociador do mundo será capaz de comprar a Casa Branca. Não espere obter sucesso numa negociação a menos que consiga fazer uma oferta que o outro lado considere mais atraente do que a Batna. Se isso parece impossível, não faz sentido negociar. Concentre-se, então, em melhorar sua Batna e, talvez, com isso alterar a deles.

Sua forma de negociar faz uma grande diferença

Numa situação em que *há* chance de acordo, a maneira como você negocia pode fazer a diferença entre chegar ou não ao acordo ou entre um resultado favorável e outro apenas aceitável. Sua forma de negociar pode determinar se, antes de ser cortado, o bolo crescerá ou não e se seu relacionamento com o outro lado será tranquilo ou tenso.

Quando a outra parte parece ter todas as cartas na mão, a forma de negociar é absolutamente fundamental. Suponha que você esteja negociando uma exceção a determinada regra ou uma oferta de emprego. Caso seu interlocutor negue seu pedido, você terá poucos recursos com os quais recorrer, e, caso ele aceite o pedido, você terá pouco a oferecer. Nessa situação, sua habilidade de negociação é tudo. Por menor que seja a chance de sucesso, sua forma de negociar determinará se você é capaz de aproveitá-la.

"Recursos" não são o mesmo que "poder de negociação"

O poder de negociação é a capacidade de persuadir alguém a fazer algo. Os Estados Unidos são ricos e têm muitas bombas nucleares, mas esses fatores não os ajudaram na tentativa de convencer os terroristas a libertar reféns em lugares como Beirute. Os recursos se traduzem em poder de negociação de acordo com o contexto – quem você está tentando persuadir e o que deseja que façam.

Não pergunte "Quem é mais poderoso?"

Tentar estimar quem é a parte mais "poderosa" é arriscado. Caso conclua que é mais poderoso, você correrá o risco de relaxar e não se preparar para a negociação tão bem quanto deveria. Por outro lado, se concluir que é mais fraco, talvez desanime e, novamente, não se dedique o suficiente a descobrir formas de persuadir o outro lado. Ou seja: qualquer que seja sua conclusão, ela não o ajudará a descobrir a melhor maneira de agir.

A verdade é que, mesmo quando o outro lado tem muito mais recursos, você pode fazer bastante coisa para aumentar seu poder de negociação. Claro que em determinadas negociações, pelo menos a curto prazo, as melhores cartas estarão com a outra parte. Mas, neste mundo cada vez mais interdependente, quase sempre há recursos e aliados que um negociador habilidoso e persistente pode explorar para pelo menos equilibrar um pouco mais a balança ou até fazê-la pesar para o seu lado. Você só descobrirá o que é possível tentando.

Às vezes, as pessoas parecem preferir se sentir impotentes e acreditar que não há nada que possam fazer para mudar uma situação. Isso as ajuda a evitar que se sintam responsáveis ou culpadas pela letargia. Além disso, evita os custos de tentar mudar a situação – ao fazerem um esforço de mudança e fracassarem, elas podem se sentir constrangidas. Mas, embora seja compreensível, esse sentimento não ajuda em nada. Essa atitude passiva é autodestrutiva e acaba gerando uma profecia autorrealizável.

A regra de ouro é ser otimista – deixar que seu poder vá além do alcance normal. Evite desperdiçar muitos recursos em causas perdidas e reconheça que vale a pena tentar muitas coisas, mesmo que não tenha sucesso. Quanto mais você tentar, provavelmente mais conseguirá. Estudos vêm mostrando uma forte correlação entre aspiração e resultado. Dentro do razoável, pensar positivo vale a pena.

Existem muitas fontes de poder de negociação

Como aumentar o poder de negociação? Este livro inteiro é uma tentativa de responder a essa pergunta. O poder de negociação tem muitas fontes. Uma delas é ter uma boa Batna. Caso acreditem em você, é persuasivo dizer que você tem uma alternativa melhor que a negociação. Mas cada um dos quatro elementos do método apresentados na Parte II – pessoas (o relacionamento), interesses, opções e critérios objetivos – também são fontes de poder de negociação. Se o outro lado é forte em um aspecto, você pode tentar ser em outro. A essas cinco fontes, agora podemos acrescentar uma sexta – o poder do compromisso – e uma sétima – o poder da comunicação efetiva, incluindo o gerenciamento de processos.

Há poder em desenvolver uma boa relação com os negociadores. Se você entende o outro lado e eles o entendem; se as emoções são validadas e as pessoas são tratadas com respeito mesmo quando discordam; se há comunicação bilateral e ambas as partes escutam; se existe confiança mútua e um tem certeza da credibilidade do outro; e se os problemas de nível pessoal são tratados de acordo com os méritos, e não pela exigência de concessões, as negociações tendem a ser mais fáceis e mais bem-sucedidas para ambas as partes. Nesse sentido, o poder de negociação não é um fenômeno de soma zero. Mais poder de negociação para o outro lado não significa necessariamente menos para você. Quanto melhor a relação, mais um conseguirá influenciar o outro.

Ao contrário do que diz o senso comum, muitas vezes vale a pena aumentar a capacidade de influência da outra parte. Duas pessoas com merecida reputação de serem confiáveis são mais capazes de influenciar uma à outra do que duas pessoas com reputação de desonestas. O fato de você poder confiar em sua contraparte aumenta a influência dela sobre você. Mas você também se beneficia disso – pode entrar seguro em acordos que beneficiem os dois lados.

Quando o embaixador britânico na ONU, Lorde Caradon, estava buscando um acordo sobre uma resolução do Conselho de Segurança que estabeleceria um modelo para a paz no Oriente Médio após a guerra de 1967, pareceu que havia alcançado o consenso, exceto por um voto. O representante soviético, Vasily Kuznetsov, aproximou-se de Caradon para pedir que a votação fosse adiada por dois dias. Caradon resistiu, temendo que os soviéticos usassem esse tempo para ganhar mais votos para sua resolução alternativa. Kuznetsov insistiu: "Acho que você não me entendeu bem. Eu *pessoalmente* estou lhe pedindo dois dias."

Assim que Caradon ouviu a palavra "pessoalmente", soube que precisava atender ao pedido: "Eu conhecia Kuznetsov muito bem. Havia trabalhado com ele em outras questões difíceis e o respeitava muito. Sabia que ele não trabalharia contra mim... Tinha certeza de que podia confiar nele assim como ele podia confiar em mim."

Caradon pediu o adiamento. Dois dias depois, o Conselho de Segurança se reuniu. "Eu levantei a mão para votar", lembrou Caradon. "E então ouvi um aplauso vindo das galerias. Olhei para a direita e vi o dedo de Kuznetsov se erguendo para votar a favor da nossa resolução e retirar a sua, o que tornava a votação da resolução 242, da Grã-Bretanha, unânime. Ele fez bom uso dos dois dias. Concluiu que uma votação unânime e um acordo total eram essenciais. Fez contato com seu governo e, sem dúvida, também com os governos árabes e os persuadiu."[10] Até hoje a resolução 242 da ONU é fundamental para as negociações de paz do Oriente Médio.

---

[10] Citado de *Plans for Peace: Negociation and the Arab-Israeli Conflict*, de Karen A. Feste (Greenwood Press, 1991).

O exemplo de Kuznetsov mostra o poder de uma reputação confiável, independentemente da organização que você representa. Sua reputação de honesto e justo pode ser seu ativo mais importante como negociador.

Há poder na comunicação eficaz. Uma boa comunicação é uma fonte fundamental de poder de negociação. Elaborar sua mensagem de forma contundente, ouvir o outro lado e mostrar que escutou tudo são atitudes que podem aumentar sua capacidade de persuasão. Se você é capaz de gerenciar com habilidade o processo de negociação – fazer movimentos que mudam o jogo quando necessário –, pode afetar drasticamente a qualidade do resultado alcançado.

O presidente John F. Kennedy tinha a merecida reputação de ser extremamente habilidoso no primeiro desses recursos – elaborar mensagens contundentes: "Que nunca negociemos por medo, mas que nunca tenhamos medo de negociar."

Uma mensagem não precisa ser explícita para ser clara e eficaz. Em muitos casos, ajudar o outro lado a entender seu raciocínio – mesmo quando você não tem certeza de algo – pode dissipar medos, esclarecer percepções equivocadas e promover a resolução conjunta de problemas. Considere o exemplo de um fornecedor que apresenta o que acredita ser uma oferta competitiva para um contrato de fornecimento. O contratante gosta da proposta e do licitante, mas teme que a empresa, nova no mercado, não consiga atendê-lo quando a demanda alcançar momentos de pico.

Se o contratante dissesse apenas "Não, obrigado" e depois pagasse mais caro a outra empresa, o licitante poderia presumir que o contratante não gostou da oferta. Com isso, não teria como persuadi-lo a acreditar em sua capacidade de fornecer o volume necessário em momentos de alta demanda. Seria melhor para ambos se, em vez disso, o contratante compartilhasse tanto seu interesse na oferta quanto sua preocupação.

Uma boa capacidade de escuta aumenta as informações que você tem sobre os interesses do outro lado ou sobre possíveis opções, e isso pode fazer aumentar seu poder de negociação. Ao entender os sentimentos e as preocupações da outra parte, você pode começar a abordá-los, explorar áreas de convergência e de divergência e desenvolver maneiras de agir no futuro.

Considere o exemplo do idoso cujos médicos queriam transferi-lo do hospital atual para outro com instalações especializadas. Os médicos repetidamente explicaram que o hospital especializado seria melhor para ele, mas o homem se recusava a ceder. Sabendo que o idoso estava agindo contra seus próprios interesses, os médicos chegaram à conclusão de que ele não estava raciocinando muito bem. Um residente, no entanto, levou o homem a sério e ouviu atentamente os motivos da recusa: o paciente lhe contou que havia sofrido diversos abandonos ao longo da vida e temia que a mudança pudesse resultar em mais um. Depois que o residente começou a abordar essa preocupação, o homem concordou em ser transferido.

Ao sinalizar que está escutando, você aumenta sua capacidade de persuadir o outro lado. Quando eles se sentem ouvidos, se tornam mais propensos a ouvir. Claro que é fácil ouvir quando a outra parte diz algo com que você concorda. E é difícil ouvir quando você discorda, no entanto, é justamente nesse momento que escutar se torna mais eficaz. Antes de refutar, ouça, investigue, certifique-se de entender o ponto de vista alheio e de que eles saibam que você entendeu, pois assim não poderão considerar que você está discordando apenas porque não compreendeu o que ouviu.

Sua consciência do processo de negociação e sua capacidade de tomar atitudes que mudam o jogo aumentam seu poder porque o processo da negociação afeta que tipo de resultados você pode alcançar. A negociação de posições frequentemente gera resultados estranhos e arbitrários, difíceis de explicar aos clientes e que não servem de precedente para futuras negociações. Além de tudo, costuma ser prejudicial aos relacionamentos.

Conforme já foi discutido no Capítulo 8, ao reconhecer uma tática ou ação você tem o poder de apontá-la e iniciar uma negociação explícita sobre o processo. Outra maneira de "mudar o jogo" é alterar o foco da negociação: de posições para a negociação de interesses, opções ou critérios. Se o outro lado disser, por exemplo, "Não pagaremos mais de 10 mil", mas você considera 50 mil um valor justo, é possível responder de várias maneiras:

- **Redirecione para os interesses:** "Ouvi sua posição. Dado quanto sua proposta parece abaixo do preço de mercado, ajude-me a entender seus interesses. Você está passando por uma crise de fluxo de caixa?"
- **Redirecione para as opções:** "Dez mil é uma opção, assim como 100 mil ou 200 mil seriam opções atraentes do meu ponto de vista. Acho que se fizermos um brainstorming teremos muito mais opções aceitáveis e atraentes para nós dois. E se fizéssemos...?"
- **Redirecione para os critérios:** "Você deve ter boas razões para pensar que 10 mil é uma oferta justa. Como chegou a esse valor? Por que esse valor, e não, digamos, de graça ou por 100 mil? Pelo que sei, o preço de mercado é 50 mil. Por que fechar por menos?"
- **Redirecione para a Batna:** "Claro que a decisão é sua, e talvez outra pessoa aceite sua proposta, mas acho que agora precisamos refletir sobre se é possível chegar a um acordo que faça sentido para os dois."

Um dos maiores poderes que você tem é o do redirecionamento, usando afirmações e perguntas para mudar o foco para interesses, opções e critérios. Com isso, você muda o jogo da negociação de posições para a negociação baseada em princípios.[11]

---

[11] Para mais informações sobre redirecionamento e outras estratégias para negociar em situações difíceis, leia *Supere o não: negociando com pessoas difíceis* (Ed. Best Seller).

Voltemos aos vizinhos do Capítulo 3, que estão preocupados com uma obra indesejada e pouco segura no bairro. Pense na diferença entre iniciar a negociação dizendo aos representantes da construtora: "Exigimos a construção de uma cerca em torno do terreno imediatamente!" Ou, em vez disso, começar com: "Tenho uma pergunta simples para você: sua empresa atende aos padrões de segurança da construção civil?" Essa certamente é uma pergunta à qual a empresa não pode se dar ao luxo de responder "não". Quando disserem "sim", os vizinhos só precisarão ter as normas para enfatizar seus argumentos e os méritos da questão. "Bem, a lei diz que vocês devem colocar uma cerca de 2 metros de altura em torno de qualquer buraco antes de começar qualquer atividade de construção."

Há poder em entender os interesses. Quanto mais claramente você entender as preocupações do outro lado, mais capaz será de satisfazê-las a um custo mínimo. Procure interesses intangíveis ou ocultos que possam ser importantes. No caso de interesses concretos como dinheiro, pergunte o que há por trás deles. ("Para que o dinheiro será usado?") Às vezes, mesmo a posição mais explicitamente declarada e inaceitável reflete um interesse subjacente compatível com o seu.

Considere o caso do empresário que queria comprar uma estação de rádio. O sócio majoritário estava disposto a vender seus dois terços por um preço razoável, mas a dona do terço restante (e então gerente da rádio) exigia um valor exorbitante. O empresário havia aumentado a oferta várias vezes sem sucesso e começou a pensar em desistir. Por fim, investigou mais a fundo os interesses da mulher e descobriu que ela estava mais interessada em continuar administrando a rádio do que no dinheiro. Então, sugeriu comprar apenas a porcentagem da parte dela de que precisava por razões tributárias e mantê-la como gerente. Ela aceitou a oferta por um valor que acabou poupando a ele quase 1 milhão de dólares. Compreender os interesses subjacentes do vendedor aumentou muito o poder de negociação do comprador.

Há poder em criar uma opção inteligente. Um bom brainstorming aumenta sua capacidade de influência. Como se vê pelo exemplo anterior, quando você entende os interesses de cada parte, em geral consegue criar uma maneira inteligente de conciliar interesses. Às vezes isso é possível por meio da elaboração de uma opção engenhosa.

Veja o caso do leilão de selos. O leiloeiro quer que os participantes ofereçam o máximo que estão dispostos a pagar. Cada comprador em potencial, no entanto, não quer pagar mais do que o necessário. Em um leilão comum de oferta fechada, cada comprador tenta oferecer um pouco mais do que ele acha que os outros oferecerão, o que geralmente é menos do que ele estaria disposto a pagar. Mas em um leilão de selos o maior lance leva os selos pelo preço do *segundo* maior lance.

Dessa forma, o possível comprador pode fazer lances na quantia *exata* que está disposto a pagar, porque o tipo de leilão garante que ele *não terá que pagar por essa quantia*. Nenhum possível comprador fica desejando ter feito um lance mais alto e o vencedor fica feliz em pagar menos do que ofereceu. O leiloeiro fica satisfeito em saber que a diferença entre os dois maiores lances é menor do que o aumento geral no nível de ofertas que ocorre nesse sistema em comparação com um leilão regular de lances fechados.[12]

Há poder em usar critérios externos de legitimidade. Você pode usar critérios de legitimidade tanto como arma para persuadir a outra parte quanto como escudo para resistir à pressão para ceder arbitrariamente. ("Eu gostaria de lhe dar um desconto, mas o preço é fixo. Foi o que a General Motors pagou pelo mesmo item na semana passada; aqui está a nota.") Da mesma forma que, ao encontrar precedentes e princípios relevantes, um advogado aumenta sua ca-

---

[12] Um processo semelhante a este pode ser usado em todos os tipos de decisões de alocação, mesmo quando a questão é tão volátil quanto a escolha de um local para depósito de resíduos perigosos. Leia "Creative Compensation: Maybe 'In My Backyard'", de Howard Raiffa, 1 *Negotiation Journal* 197 (1985).

pacidade de persuadir um juiz, um negociador pode aumentar seu poder de negociação encontrando precedentes, princípios e outros critérios externos de justiça e apresentando-os de maneira convincente e reveladora: "Estou pedindo o mesmo que você está pagando a outros por um trabalho semelhante." "Pagaremos o que a casa vale. Estamos oferecendo o valor pelo qual uma casa semelhante aqui perto foi vendida no mês passado. A menos que você nos dê uma boa razão pela qual sua casa vale mais, nossa oferta permanecerá a mesma." Convencer a outra parte de que você só está pedindo o justo é um dos argumentos mais poderosos que existem.

Há poder em desenvolver uma boa Batna. Como vimos no Capítulo 6, uma maneira fundamental de aumentar seu poder de negociação é melhorando sua alternativa de retirada. Uma Batna atraente é um forte argumento para persuadir o outro lado da necessidade de oferecer mais. ("A empresa concorrente me ofereceu um salário 20% maior do que estou ganhando agora. Prefiro ficar aqui, mas, com o custo de vida, a menos que eu receba um bom aumento em breve, terei que pensar em seguir em frente. O que você acha possível fazer?")

Além de melhorar sua Batna geral (o que fará se as negociações não produzirem um acordo), você também deve preparar sua "micro-Batna" – se nenhum acordo for alcançado *neste encontro*, qual é o melhor resultado? Isso o ajudará a esboçar antecipadamente uma boa frase final a ser usada em uma reunião inconclusiva. ("Obrigado por compartilhar seus pontos de vista e por escutar o meu. Caso eu decida seguir em frente, entrarei em contato com você, talvez com uma nova proposta.")

Às vezes é possível piorar a Batna do outro lado de forma legítima. Por exemplo, um pai que conhecemos estava tentando fazer seu filho aparar a grama do quintal. Ele ofereceu uma quantia significativa em dinheiro, mas não adiantou. Depois de um tempo, sem querer o filho revelou sua Batna: "Mas, pai, eu não preciso cortar a grama para ganhar dinheiro. Você deixa sua carteira na cômoda no fim de semana..." O pai rapidamente mudou a Batna do filho de maneira simples: não deixando mais a carteira à mostra e esclarecendo que desaprovava a atitude do filho de pegar dinheiro sem pedir; como resultado, o filho passou a cortar a grama. A tática de piorar a Batna alheia pode coagir ou explorar a outra parte, mas também pode ajudar a garantir um resultado justo. Fazer um esforço para melhorar as próprias alternativas e reduzir a estimativa que o outro lado tem da própria Batna é uma maneira fundamental de aumentar seu poder de negociação.

Há poder em assumir um compromisso cuidadosamente elaborado. Uma fonte de poder persuasivo merece atenção: o poder de assumir compromissos. Você pode usar um compromisso para melhorar seu poder de negociação de três maneiras: se comprometendo com o que fará (por exemplo, apresentando uma oferta firme); com cuidado, assumindo um compromisso quanto ao que *não* fará; e, por fim, explicitando quais compromissos gostaria que o outro lado assumisse.

Esclareça o que você fará. Uma maneira de aumentar seu poder de negociação é fazer uma oferta firme e oportuna. Dessa forma, você fornece uma opção que de fato aceitará, deixando claro que está aberto a discutir opções. Se quiser persuadir alguém a aceitar um emprego, não fique apenas falando sobre a vaga; faça uma oferta. Assim, você abre mão da chance de pechinchar condições melhores, mas ganha simplificando a escolha do outro lado e tornando mais fácil para ele assumir um compromisso. Para chegar a um acordo, tudo o que ele precisa fazer é dizer "sim".

Apresentar uma proposta explicando o que você fará caso concordem com sua oferta é uma forma de eliminar qualquer medo que o outro lado possa ter de entrar num caminho perigoso. Sem uma oferta clara, até mesmo um resultado ruim pode parecer melhor que um tiro no escuro, sobretudo caso o outro lado tema que um sinal favorável encorajará você a pedir mais.

Em 1990, o Conselho de Segurança da ONU tentou impor sanções ao Iraque para influenciá-lo a acabar com a ocupação militar no Kuwait. As resoluções do Conselho estipularam que o Iraque deveria se retirar, mas *não* indicaram que, após a retirada, as sanções terminariam. Se Saddam Hussein acreditasse que as sanções continuariam mesmo após a retirada das tropas, então essas sanções, por piores que fossem, não ofereceriam nenhum incentivo para que o Iraque se retirasse.

Quanto mais concreta a oferta, mais persuasiva ela é. Uma oferta no papel pode ter mais crédito que uma oferta de boca. (Um agente imobiliário que conhecemos gosta quando um cliente faz uma oferta empilhando maços de notas de 100 dólares na mesa.) Uma boa alternativa é estabelecer um prazo-limite indicando quando e como a oferta deixará de valer. A posse do presidente Ronald Reagan, em 1981, por exemplo, criou uma oportunidade de negociação para a libertação dos reféns diplomáticos americanos no Irã. Acontece, porém, que os iranianos não queriam ter que recomeçar as negociações com um novo governo americano.

Em alguns casos, também vale a pena deixar claro o que você fará caso sua proposta não seja aceita. Talvez o outro lado não perceba as consequências de sua Batna. ("Se não tivermos aquecimento no nosso apartamento até hoje à noite, vou ter que ligar para o número de emergência do departamento de saúde. Sabia que eles cobram 250 dólares de multa quando atendem a um chamado e descobrem uma violação do estatuto?")

Considere se comprometer com o que você não fará. Às vezes, você pode persuadir o outro lado a aceitar uma oferta melhor do que sua Batna convencendo-os de que não pode ou não oferecerá mais ("É pegar ou largar"). Você não apenas faz uma oferta, mas se compromete a não mudá-la. Como discutido no Capítulo 1, ater-se a uma posição é uma estratégia onerosa: ao engessar sua proposta logo no começo da negociação, você limita suas possibilidades de comunicação e corre o risco de prejudicar o relacionamento fazendo com que o outro lado se sinta ignorado ou coagido. É menos arriscado se firmar em uma posição *após* entender os interesses do outro lado e avaliar a possibilidade de ganhos mútuos – caso existam razões plausíveis e independentes de sua vontade que expliquem e justifiquem sua rigidez, haverá menos danos ao relacionamento.

Em algum momento, talvez seja melhor apresentar uma oferta final e se ater a ela. Isso costuma influenciar a outra parte ao piorar o micro-Batna deles. Caso rejeitem sua proposta, não terão mais possibilidade de conseguir um acordo melhor com você.

Esclareça o que você deseja. Reflita sobre os termos do compromisso que você deseja que o outro lado assuma. Isso garante que sua demanda faça sentido. Uma frase como "Susan, prometa *nunca* mais me interromper quando eu estiver ao telefone" pode ser desastrosa caso Susan cumpra a promessa ao pé da letra durante uma emergência. Você deve evitar firmar compromissos descuidados que sejam abrangentes demais, não consigam garantir o comprometimento da outra parte, deixem informações cruciais de fora e não sejam funcionais.

Quando você quer que o outro lado *faça* alguma coisa, o ideal é dar instruções precisas. Do contrário, talvez ele não faça nada, pois não quer ir além do necessário. No segundo semestre de 1990, por exemplo, a capacidade norte-americana de influenciar Saddam Hussein foi minada pela falta de clareza a respeito do que satisfaria aos Estados Unidos. Em diferentes momentos, a retirada das tropas iraquianas do Kuwait, a destruição das instalações nucleares iraquianas, o desmantelamento da capacidade militar do Iraque e a derrubada de Saddam Hussein – todas pareceram possíveis metas para a Casa Branca.

Aproveite seu poder ao máximo

Para aproveitar ao máximo seu poder de negociação, use suas fontes de poder em harmonia com as outras. Às vezes, os negociadores utilizam apenas sua fonte mais potente. Por exemplo, se um negociador tem uma Batna forte, pode confrontar o outro lado com ela, ameaçando ir embora caso sua oferta não seja aceita. Isso provavelmente diminuirá o poder de persuasão de seus argumentos para explicar por que a oferta é justa. Se você pretende comunicar sua Batna, faça-o respeitando o relacionamento, deixando aberta a possibilidade de comunicação bidirecional, ressaltando a legitimidade de sua última oferta, explicando como ela atende aos interesses da outra parte, e assim por diante. O impacto do seu poder de negociação aumenta se cada elemento for usado para reforçar os outros.

Você também será um negociador mais eficaz se acreditar no que está dizendo e fazendo. Seja lá como você for usar as ideias deste livro, não as utilize como se estivesse vestindo a roupa de outra pessoa. Faça adaptações ao que dissemos até encontrar uma abordagem que faça sentido para a sua situação e com a qual você se sinta à vontade. Talvez precise realizar experimentos e passar por um período de adaptação no qual não se sinta muito à vontade, mas, se suas palavras forem condizentes com suas atitudes, ao final você provavelmente maximizará seu poder de negociação.

Nota sobre o Projeto de Negociação de Harvard

A missão do Projeto de Negociação de Harvard é melhorar a teoria, o ensino e a prática da negociação e da resolução de disputas para que as pessoas possam lidar de forma mais construtiva com conflitos que vão do interpessoal ao internacional. O projeto faz parte do Programa de Negociação da Harvard Law School – um consórcio de acadêmicos e projetos de Harvard, do Instituto de Tecnologia de Massachusetts (MIT), da Faculdade Simmons e da Universidade Tufts. O trabalho do Projeto alterna entre os mundos da teoria e da prática para desenvolver ideias que os praticantes considerem úteis e os estudiosos, confiáveis. Entre as atividades do projeto estão:

Elaboração teórica. O projeto ajudou a desenvolver modelos como o método da negociação baseada em princípios, resumido neste livro. Entre outros modelos estão o método de negociação inovadora (*breakthrough negotiation*), desenvolvido para lidar com pessoas e situações difíceis e resumido no livro *Supere o não*; uma estrutura para entender os fatores que aumentam ou diminuem a produtividade das conversas difíceis, apresentadas em *Conversas difíceis;* um método para entender e administrar as emoções na negociação, descrito em *Além da razão*; ferramentas sistemáticas para obter resultados, seja nos negócios ou na diplomacia internacional, resumidos em *Beyond Machiavelli* e *Em ação! Fazendo as coisas acontecerem*; e um método para dizer "não" de maneira eficaz, sem destruir o negócio ou o relacionamento, descrito em *O poder do não positivo.* O Projeto também desenvolveu ideias como o procedimento de texto único, usado pelos Estados Unidos nas negociações de paz do Oriente Médio em Camp David, em setembro de 1978.

Educação e treinamento. O Projeto desenvolve programas para profissionais (advogados, empresários, diplomatas, jornalistas, funcionários públicos, líderes sindicais, oficiais militares, etc.), bem como para estudantes de graduação e pós-graduação, e desenvolveu um programa-piloto para alunos do ensino médio. Por meio do Instituto de Negociação de Harvard, todos os anos o Projeto oferece cursos de negociação de três semanas para advogados e para o público em geral. Os professores também dão aula no Programa de Negociação para Executivos Seniores. Para mais informações, acesse www.pon.harvard.edu.

Publicações. Além dos muitos livros mencionados, o Projeto prepara materiais como o *International Mediation: A Working Guide*, checklists para negociadores, estudos de caso, exercícios de negociação, guias para professores e formulários projetados para ajudar praticantes, professores e estudantes. Os pedidos de materiais de ensino disponíveis para distribuição devem ser encaminhados ao Teaching Negotiation Resource Center (www.pon.harvard.edu/store).

Pesquisa de campo. Professores e alunos estudam ativamente conflitos atuais e por vezes participam deles como consultores e mediadores. O Projeto contribuiu para a melhoria das relações entre Estados Unidos e ex-União Soviética, para o processo de paz em países da América Central, para as negociações constitucionais da África do Sul e as negociações políticas que as precederam, entre diversas outras situações. Uma iniciativa em curso é o Caminho de Abraão (Masar Ibrahim al Khalil), que busca construir o entendimento mútuo e o respeito entre o Ocidente e o mundo muçulmano inspirando viagens ao Oriente Médio ao longo da antiga rota de Abraão.

Agradecimentos

Este livro começou como uma pergunta: qual é a melhor maneira de as pessoas lidarem com suas diferenças? Por exemplo, qual é o melhor conselho a ser dado ao casal que está se divorciando e quer chegar a um acordo justo e mutuamente satisfatório sem acabar em uma disputa amarga? Talvez mais difícil, que conselho você daria a *um* deles que tivesse o mesmo desejo? Todos os dias, famílias, vizinhos, casais, funcionários, chefes, empresas, consumidores, vendedores, advogados e nações enfrentam este dilema: como chegar ao sim sem ir à guerra? Com base em nossas formações em direito internacional e antropologia, e aproveitando uma extensa colaboração com profissionais, colegas e alunos ao longo dos anos, desenvolvemos um método prático para negociar um acordo de maneira amistosa sem fazer concessões.

Testamos essas ideias com advogados, empresários, funcionários públicos, juízes, carcereiros, diplomatas, representantes de seguradoras, militares, mineradores e executivos de petroleiras. Agradecemos aqueles que responderam com críticas e sugestões extraídas da experiência. Nós nos beneficiamos imensamente disso.

Na verdade, ao longo dos anos tantas pessoas contribuíram de forma tão ampla para nosso aprendizado que já não conseguimos mais dizer com precisão a quem devemos quais ideias e de que forma elas chegaram a nós. Os que mais contribuíram entenderam que se algum crédito foi omitido não foi porque queremos dizer que as ideias são originalmente nossas, mas para manter o texto fluido.

Não poderíamos deixar de mencionar, no entanto, nossa dívida com Howard Raiffa. Sua crítica gentil, mas franca, melhorou repetidas vezes a abordagem, e suas noções sobre a busca de vantagens conjuntas explorando as diferenças e usando procedimentos criativos para resolver questões difíceis inspiraram seções sobre esses assuntos. Louis Sohn, planejador e negociador extraordinário, sempre foi encorajador, criativo e dinâmico. Entre as muitas dívidas que temos com ele está a introdução à ideia de usar um único texto de negociação, que chamamos de procedimento de texto único. Também queremos agradecer a Michael Doyle e David Straus pelas ideias criativas sobre a execução de sessões de brainstorming.

Boas histórias e bons exemplos são difíceis de encontrar, por isso somos muito gratos a Jim Sebenius por seus relatos sobre a Convenção sobre o Direito do Mar (e por sua crítica ponderada ao método), a Tom Griffith pelo relato de sua negociação com o avaliador de seguros e a Mary Parker Follett pela história de dois homens discutindo numa biblioteca.

Queremos agradecer especialmente a todos aqueles que leram os vários rascunhos deste livro e nos ajudaram com suas críticas, incluindo nossos alunos nas Oficinas de Negociação de janeiro de 1980 e 1981, na Harvard Law School, e Frank Sander, John Cooper e William Lincoln, que ministraram essas oficinas conosco. Em especial, queremos agradecer aos membros do Seminário de Negociação de Harvard que ainda não mencionamos; eles nos ouviram pacientemente durante dois anos e ofereceram muitas sugestões úteis: John Dunlop, James Healy, David Kuechle, Thomas Schelling e Lawrence Susskind. A todos os nossos amigos e sócios, devemos mais do que somos capazes de expressar, mas a responsabilidade final pelo conteúdo deste livro é dos autores; se o resultado ainda não for perfeito, não é por falta dos esforços de nossos colegas.

Sem a família e os amigos, escrever seria intolerável. Pelas críticas construtivas e pelo apoio moral, agradecemos a Caroline Fisher, David Lax, Frances Turnbull e Janice Ury. Sem Francis Fisher, este livro nunca teria sido escrito. Ele teve a felicidade de nos apresentar um ao outro alguns anos atrás.

Não poderíamos ter uma assistente melhor. Obrigado a Deborah Reimel pela competência inabalável, apoio moral e os firmes porém graciosos lembretes; e a Denise Trybula, que nunca hesitou em seu zelo e ânimo. E um agradecimento especial à equipe da Word Processing, liderada por Cynthia Smith, que passou pela provação de uma série interminável de esboços e prazos quase impossíveis.

Depois, há os nossos editores. Ao reorganizar e cortar metade deste livro, Marty Linsky tornou-o muito mais legível. Para poupar nossos leitores, ele teve o bom senso de não poupar nossos sentimentos. Obrigado também a Peter Kinder, June Kinoshita e Bob Ross. June lutou para tornar a linguagem menos sexista. Se em algum ponto não conseguimos, pedimos desculpas a quem se sentir ofendido. Também queremos agradecer a Andrea Williams, nossa assessora; Julian Bach, nosso agente; e Dick McAdoo e seus colegas na Houghton Mifflin, que tornaram a produção deste livro possível e prazerosa.

Finalmente, queremos agradecer a Bruce Patton, nosso amigo e colega, editor e mediador. Ninguém contribuiu mais para esta obra. Desde o início, ele ajudou a discutir e organizar o silogismo do livro. Reorganizou quase todos os capítulos e editou todas as palavras. Se os livros fossem filmes, este seria uma Produção Patton.

Roger Fisher, William Ury

Para a segunda edição deste livro, gostaríamos de agradecer a Jane von Mehren, nossa editora de longa data na Penguin Books, por seu apoio, incentivo e entusiasmo em fazer a segunda edição acontecer. Com a terceira edição, Rick Kot assumiu admiravelmente esse papel e somos gratos por sua paciência, seu bom senso e seu talento editorial. Sem Rick, esta atualização talvez não existisse.

Também agradecemos a Mark Gordon, Arthur Martirosyan e nossos amigos da Mercy Corps pela história dos agricultores iraquianos negociando com a companhia nacional de petróleo.

Roger Fisher, William Ury e Bruce Patton

CONHEÇA OS LIVROS DE WILLIAM URY

Como chegar ao sim

Como chegar ao sim com você mesmo

Sim, é possível